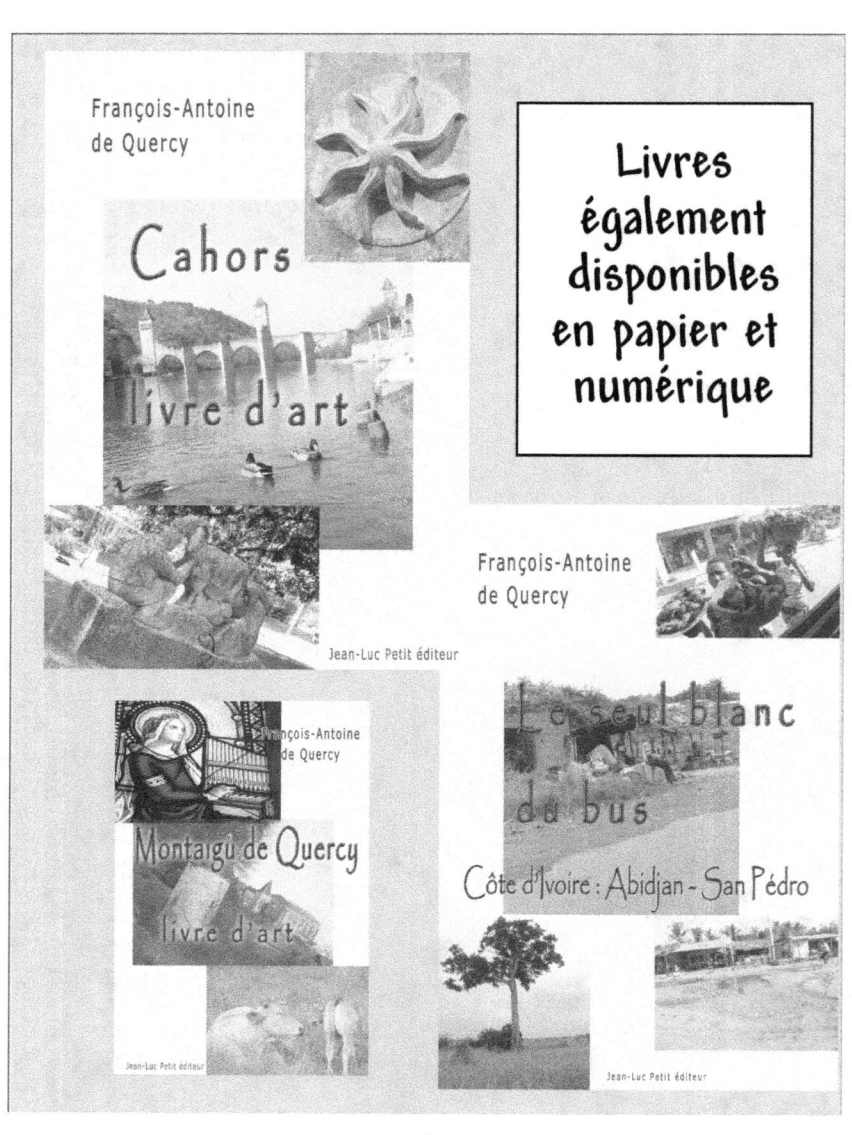

Laramière, livre d'art

Du même auteur

Montcuq, livre d'art

Montaigu de Quercy, livre d'art

Quercy Blanc, livre d'art

Le seul blanc du bus

Cahors, livre d'art

Pigeonniers lotois

Cazelles, Gariottes lotoises

Montauban, livre d'art

Gustave Guiches, *Au fil de la vie*, notice, commentaires, photos

François-Antoine de Quercy

Laramière, livre d'art

Jean-Luc Petit éditeur - Collection Livres d'artistes

L'éditeur versant lotois :

http://www.lotois.fr

Tout simplement et logiquement !

Tous droits de traduction, de reproduction, d'utilisation, d'interprétation et d'adaptation réservés pour tous pays, pour toutes planètes, pour tous univers.

Site officiel : http://www.editeur.pro

© **Jean-Luc PETIT - BP 17 - 46800 Montcuq – France**

Laramière, livre d'art

Laramière, c'est la campagne lotoise, dans sa plus belle acceptation, le plus souvent protégée, entretenue.
Lavoirs, dolmens, gariottes, pigeonniers...
Y'a même des vaches, chevaux, grenouilles, poules, lapins... et des ânes.
Parfois, néanmoins, de vieilles pierres rappellent les conséquences du temps qui passe sans une main protectrice...
Et deux églises, trois sites classés aux Monuments historiques : deux dolmens, l'ancien prieuré.

151 photos. En noir-et-blanc. La photo d'art, pour exprimer l'essentiel de ce village, une commune s'étendant sur 22,08 km2, où vivaient 1159 ramiéroises et ramiérois en 1821, seulement 240 en 1982.
Le formidable repeuplement des trois dernières décennies sera-t-il suffisant pour résister à la pression des "communes nouvelles" ?
Car ces 334 citoyens limitent l'occupation du sol à 15 habitants au km2... Nettement insuffisant dans une France "moderne et normale" prétendent des technocrates lancés dans la compétition mondiale...
Il a urgence à présenter nos villages tels qu'ils sont, avant l'évaporation de la ruralité dans le brouhaha mondialisé du troisième millénaire...

J'ai vu Laramière ainsi. Avec même des gariottes sur dolmens. L'abri de vivants sur des tombes anciennes. Cet endroit mérite d'être découvert, le plus possible, à pied. J'ai beaucoup marché.

Il s'agit d'art photographique et non d'une narration historique... Je ne suis pas l'historien du coin !...

Extraire la beauté... Témoigner, laisser une trace de « l'inutile voué à disparaître » fixer sous un angle inédit le "patrimoine", scruter l'ignoré, l'éphémère, le surprenant... Ce qui est ne sera pas forcément demain... Une œuvre doit également faire réfléchir. Que font d'un espace celles et ceux qui y vivent, pour une courte durée, finalement...

François-Antoine de Quercy
FAQ
http://www.quercy.pro

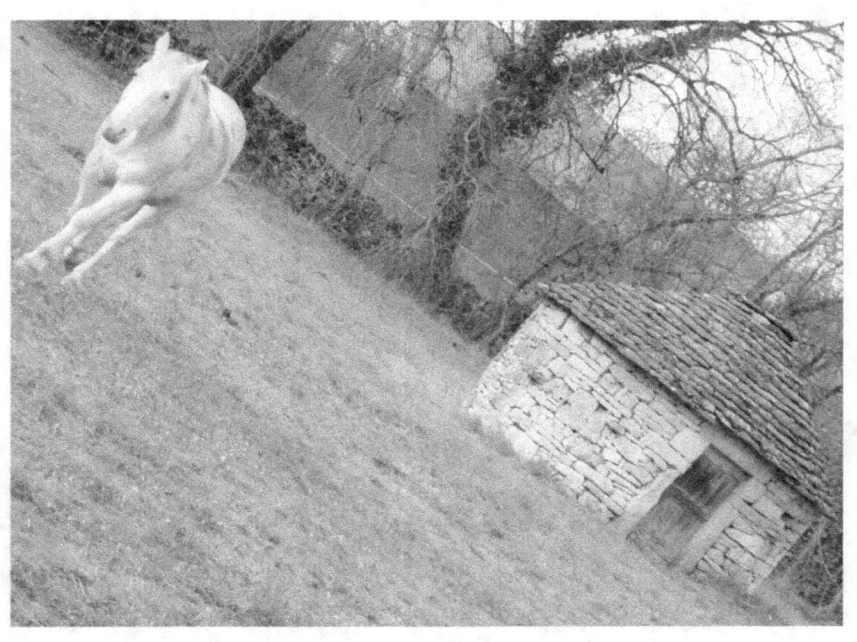
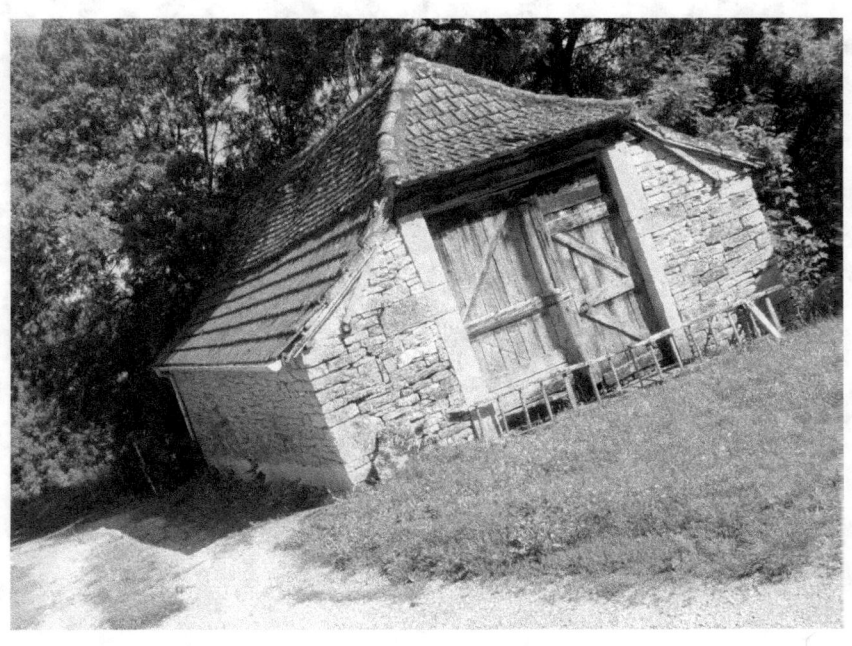

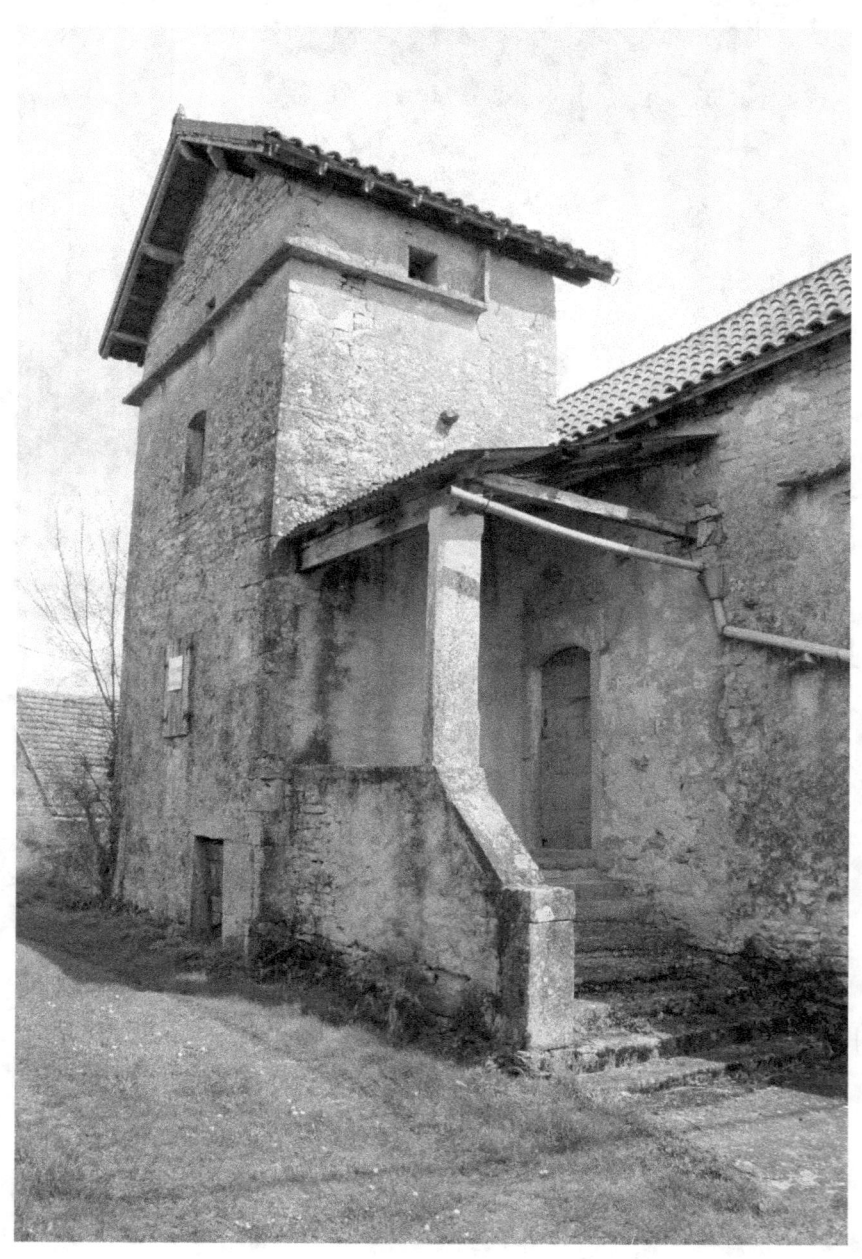

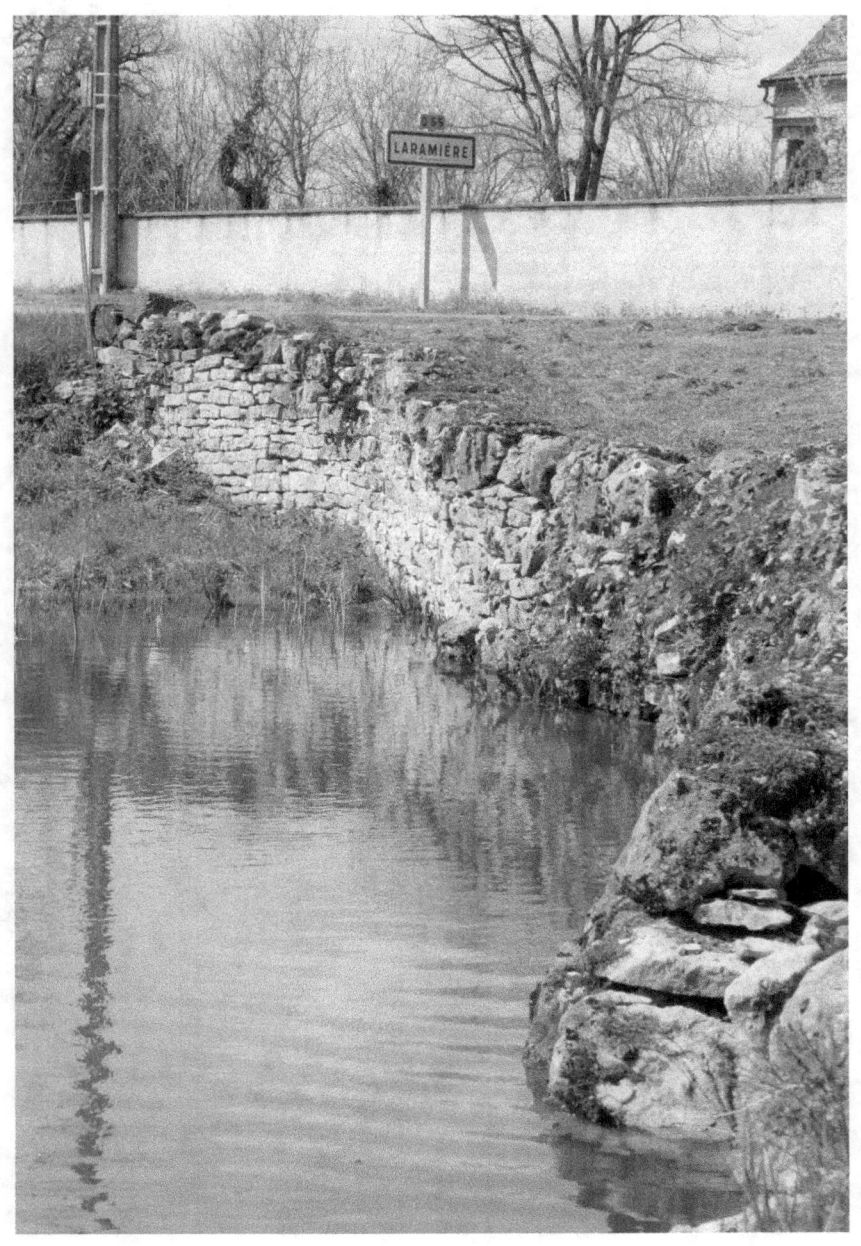

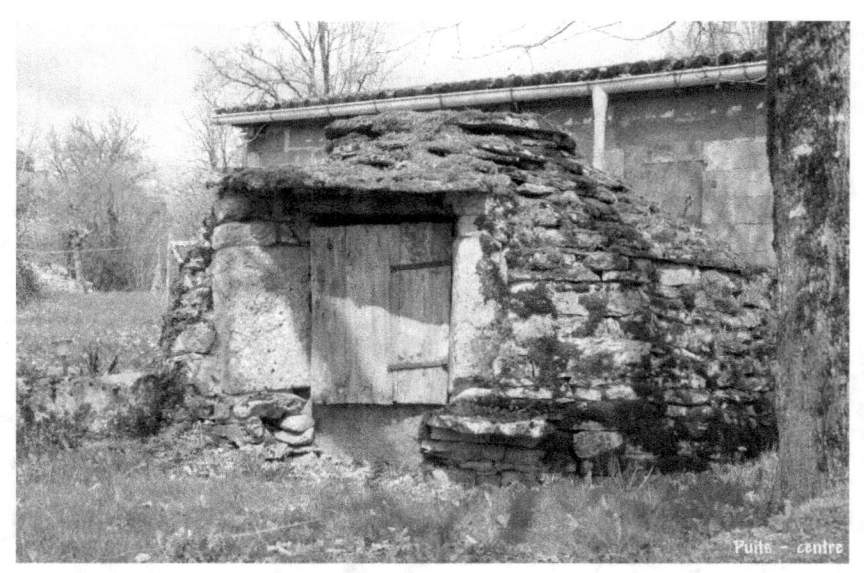

Puits - centre

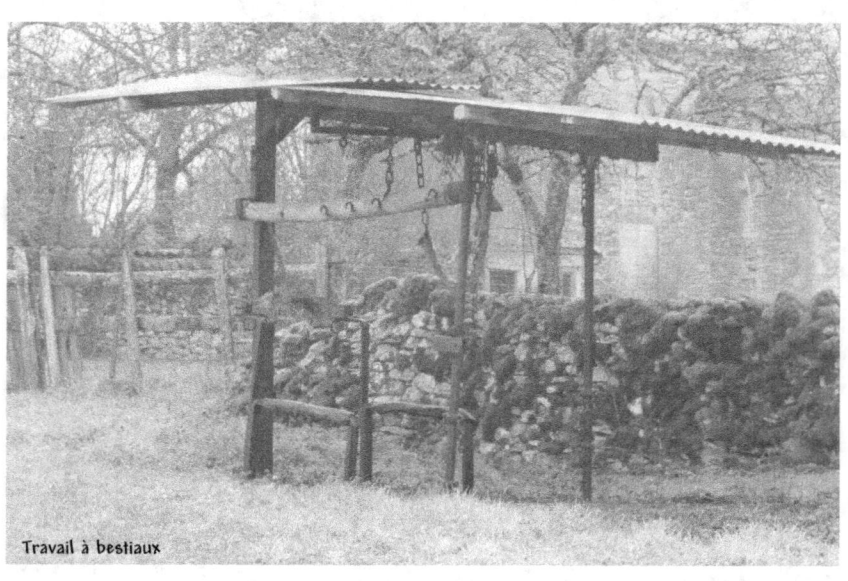

Travail à bestiaux

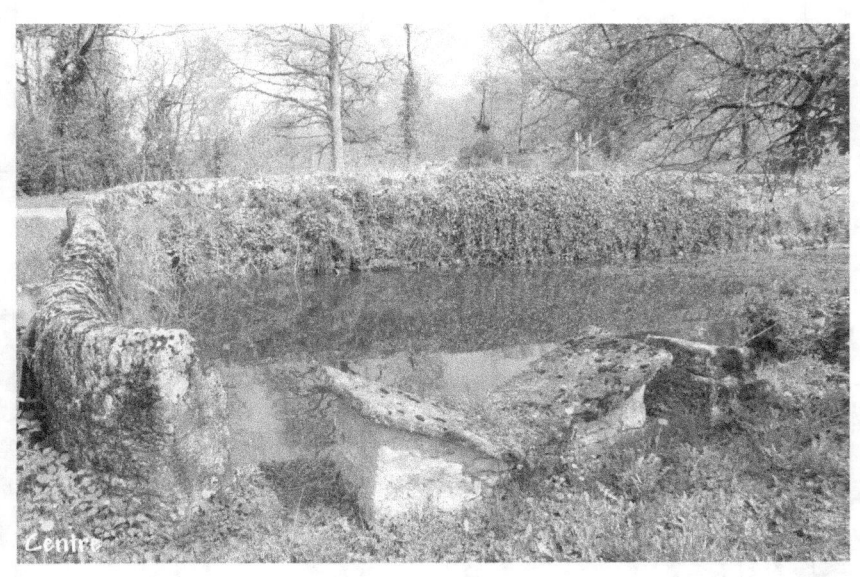

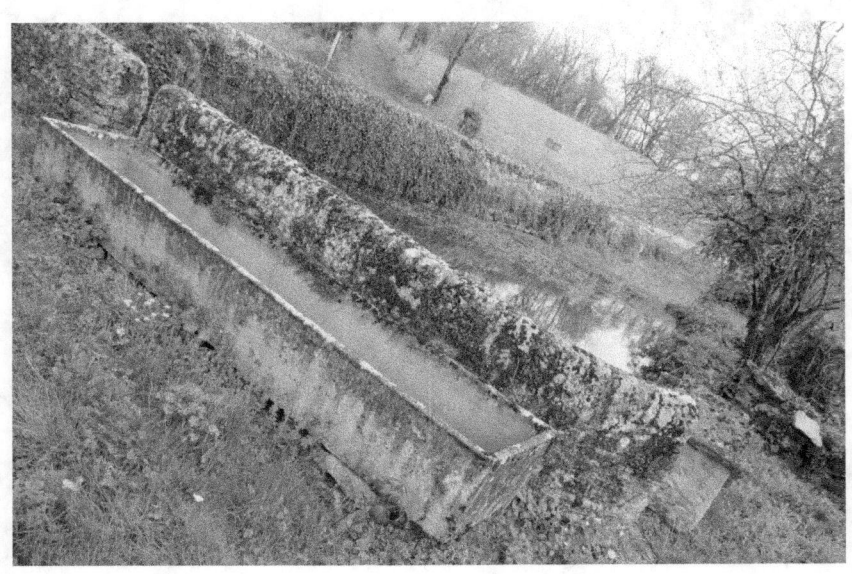

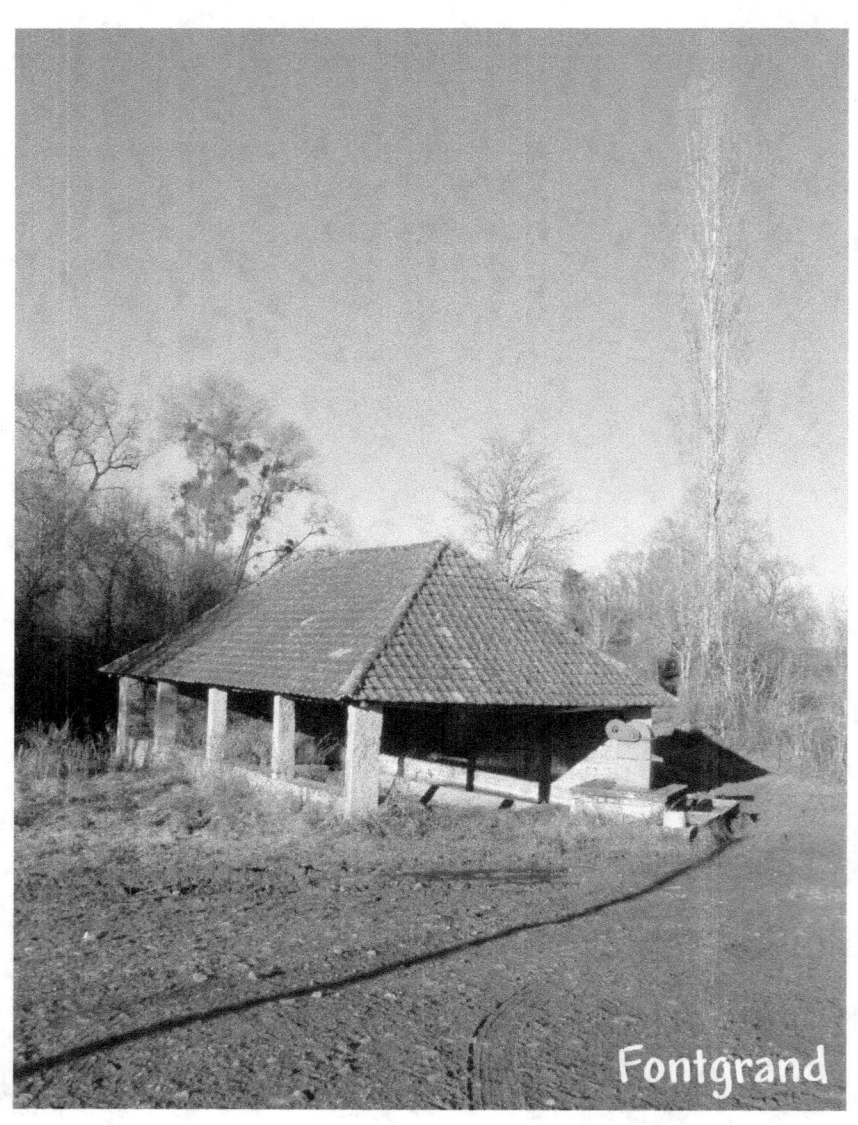

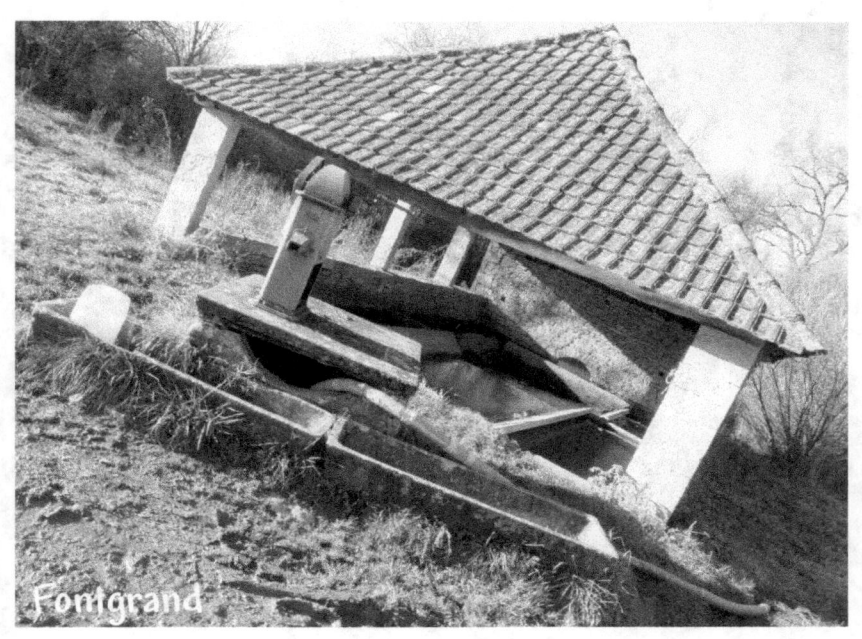

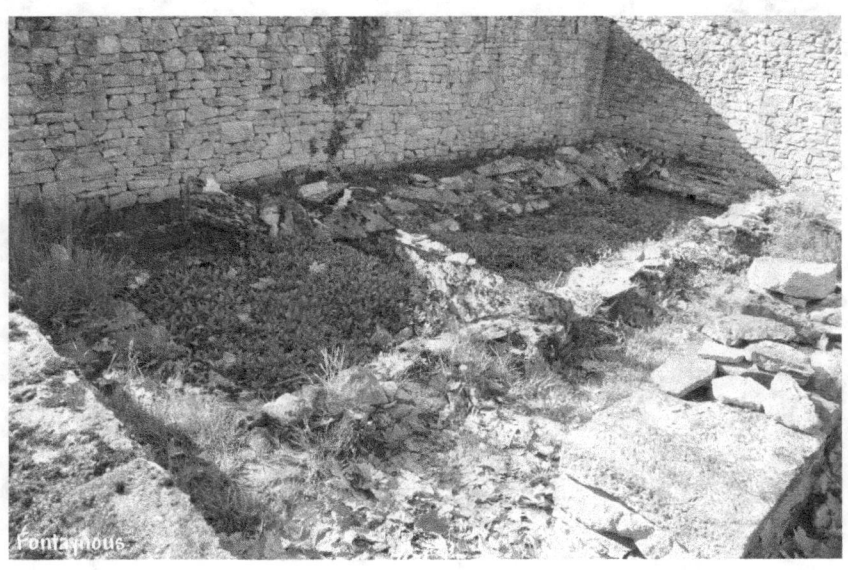

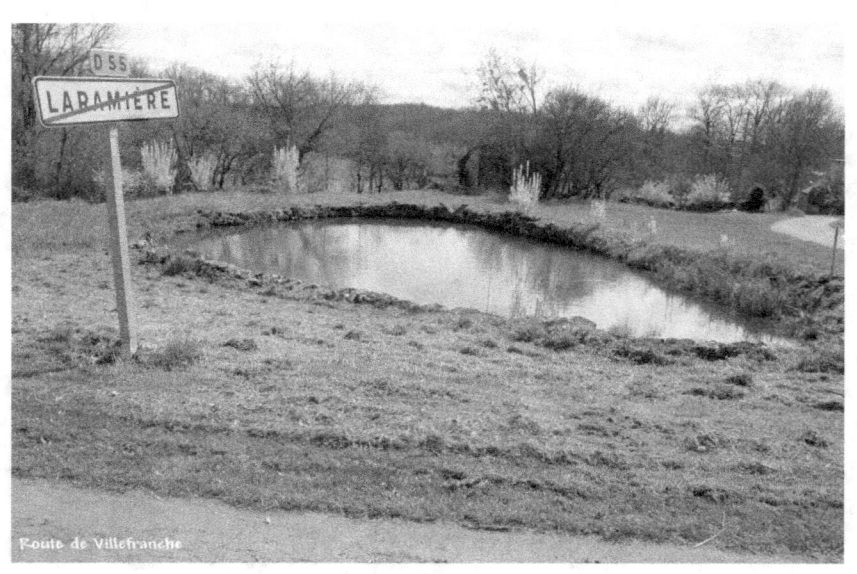

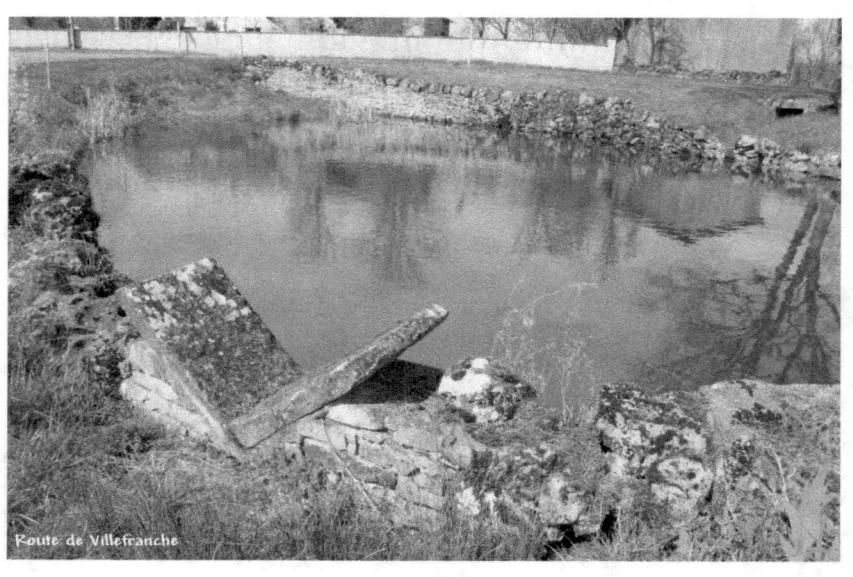

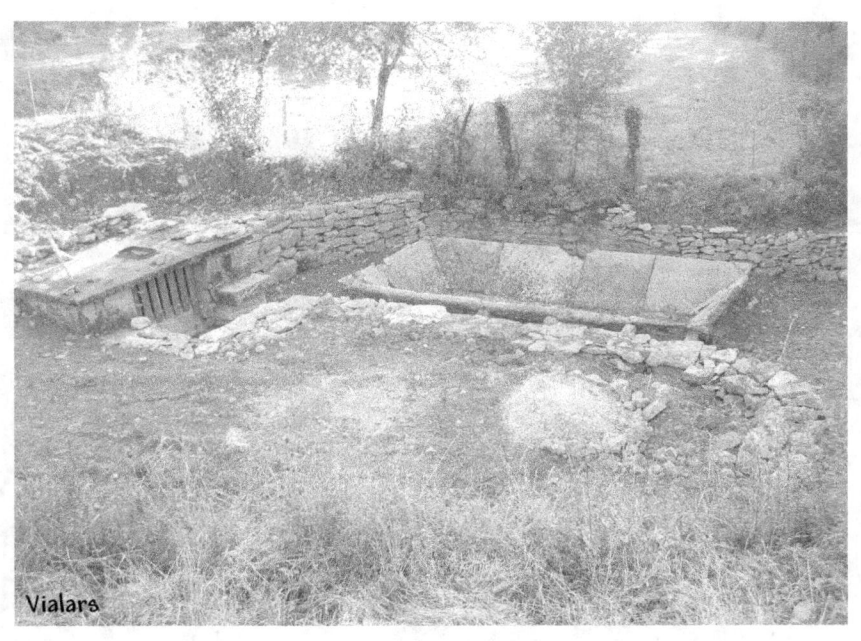

Vialars

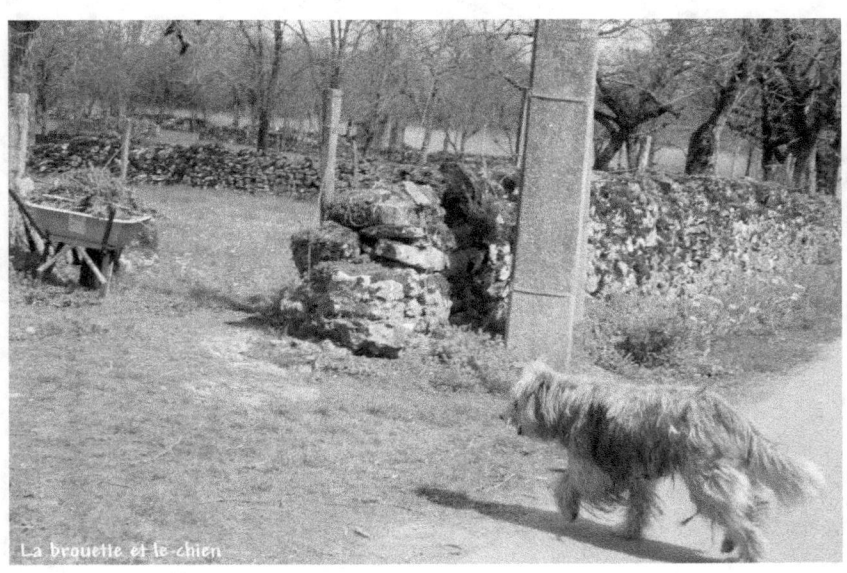

La brouette et le chien

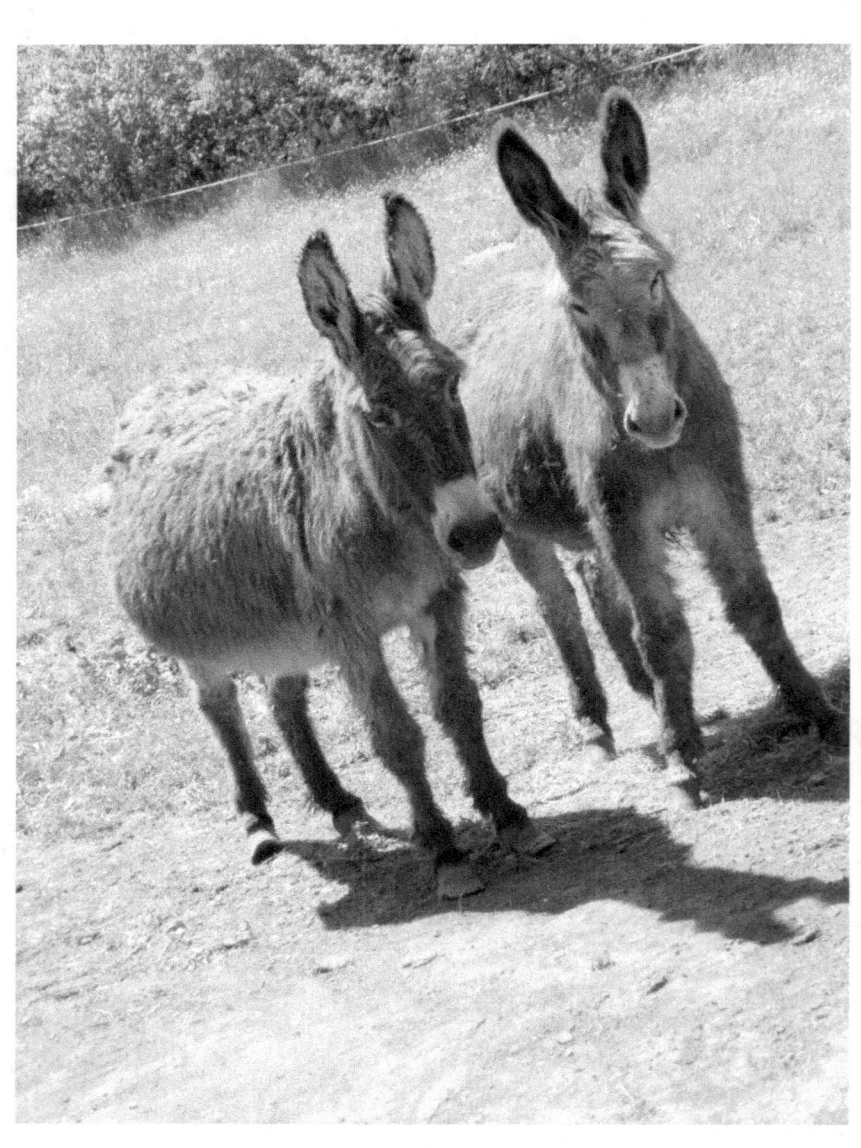

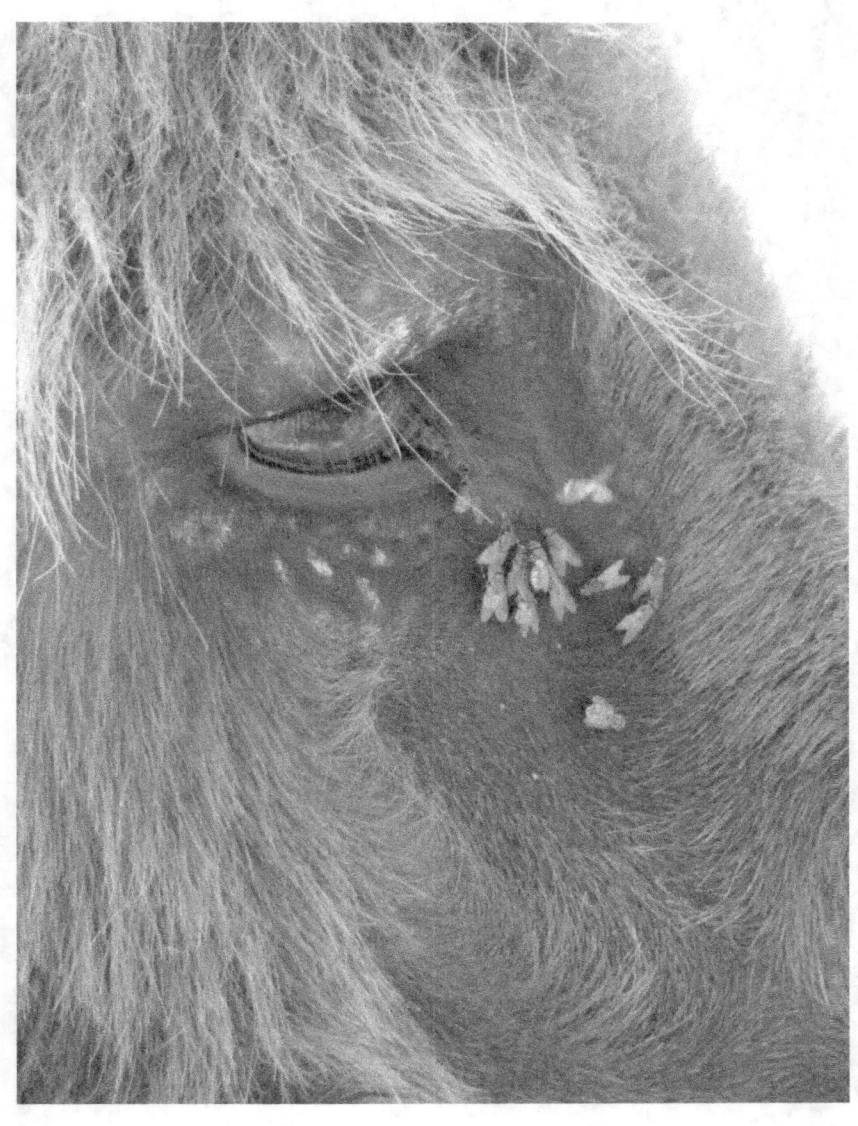

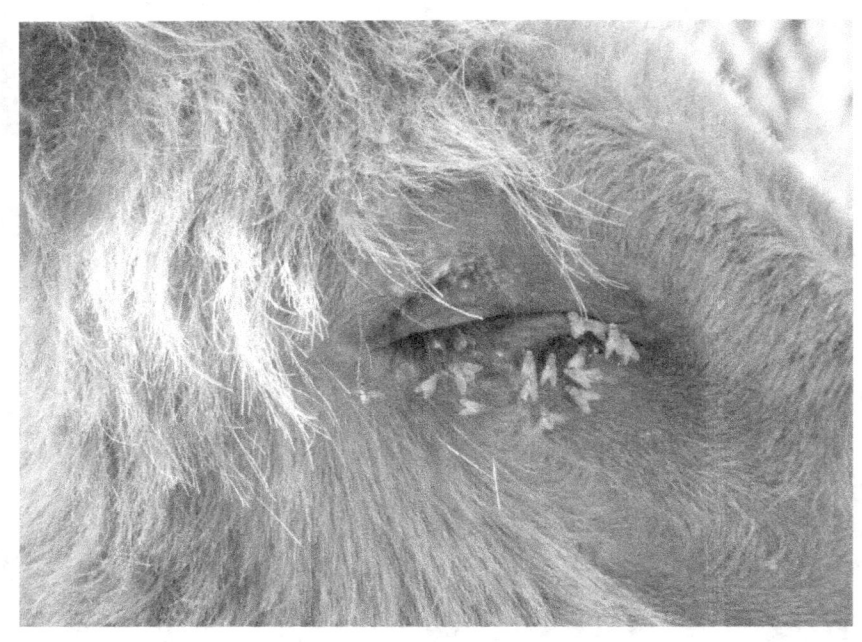

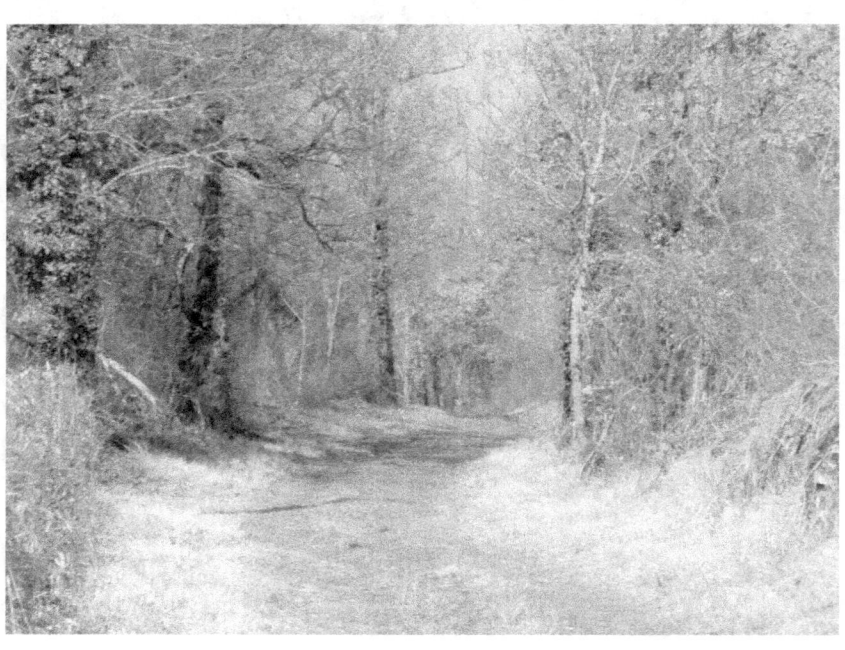

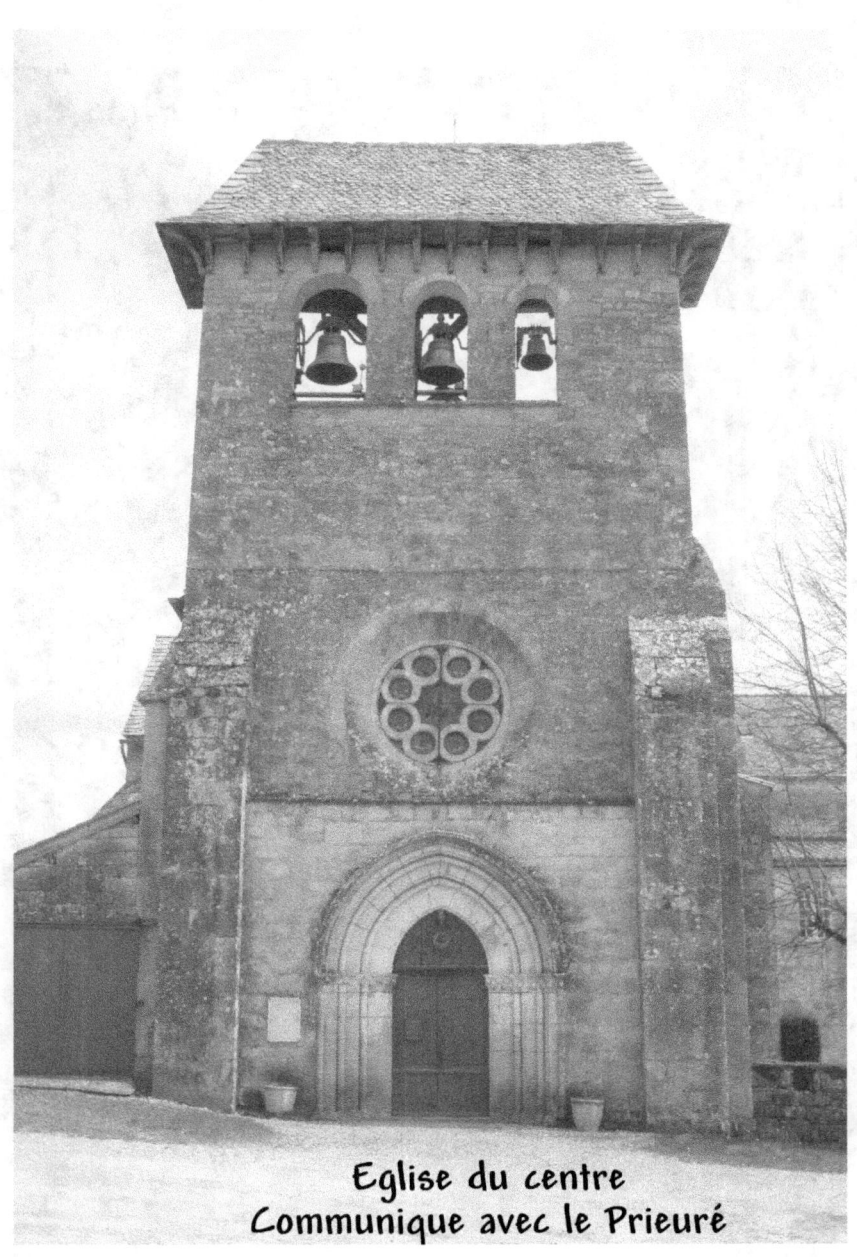

Eglise du centre
Communique avec le Prieuré

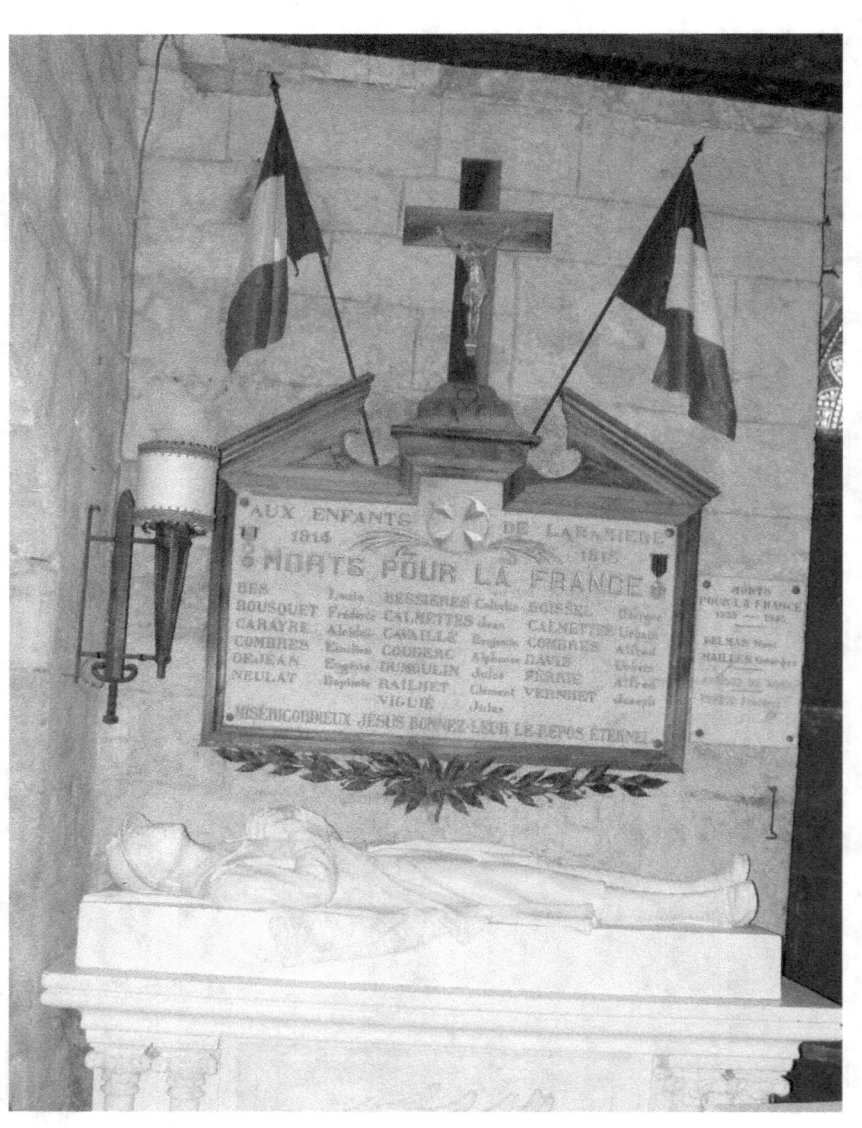

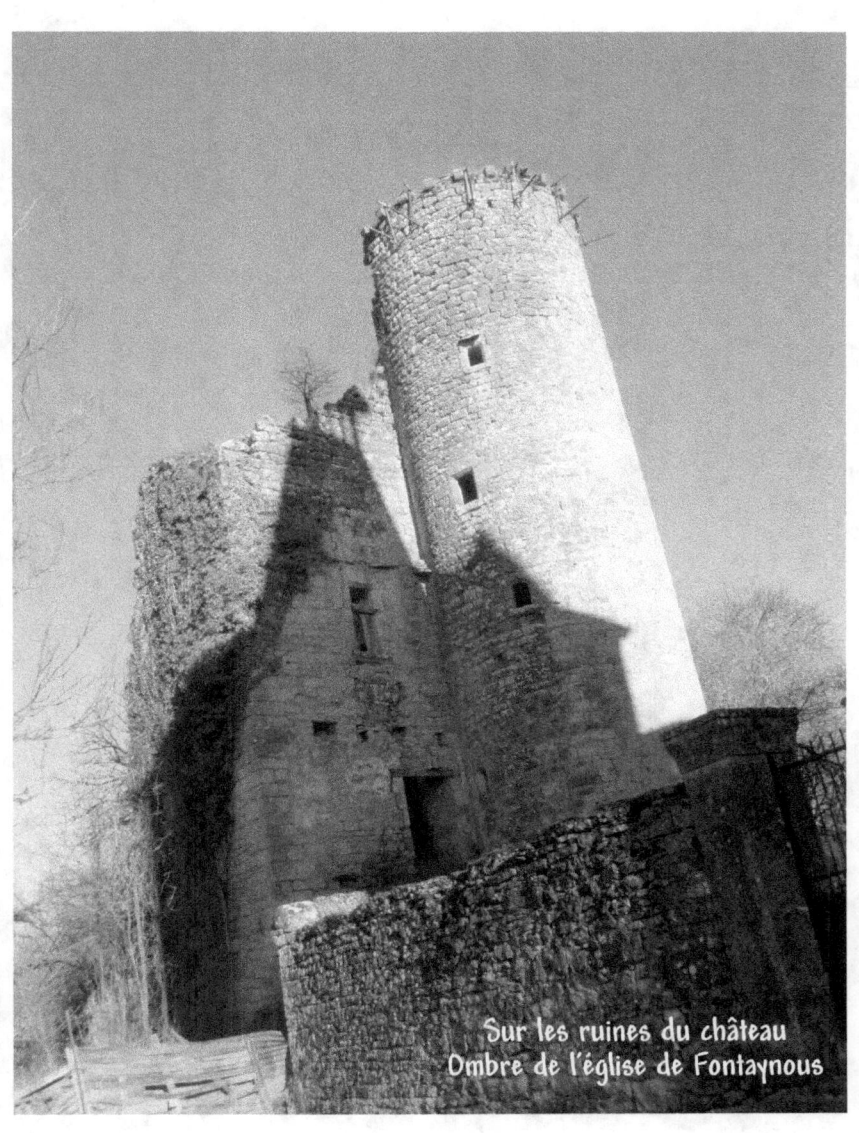

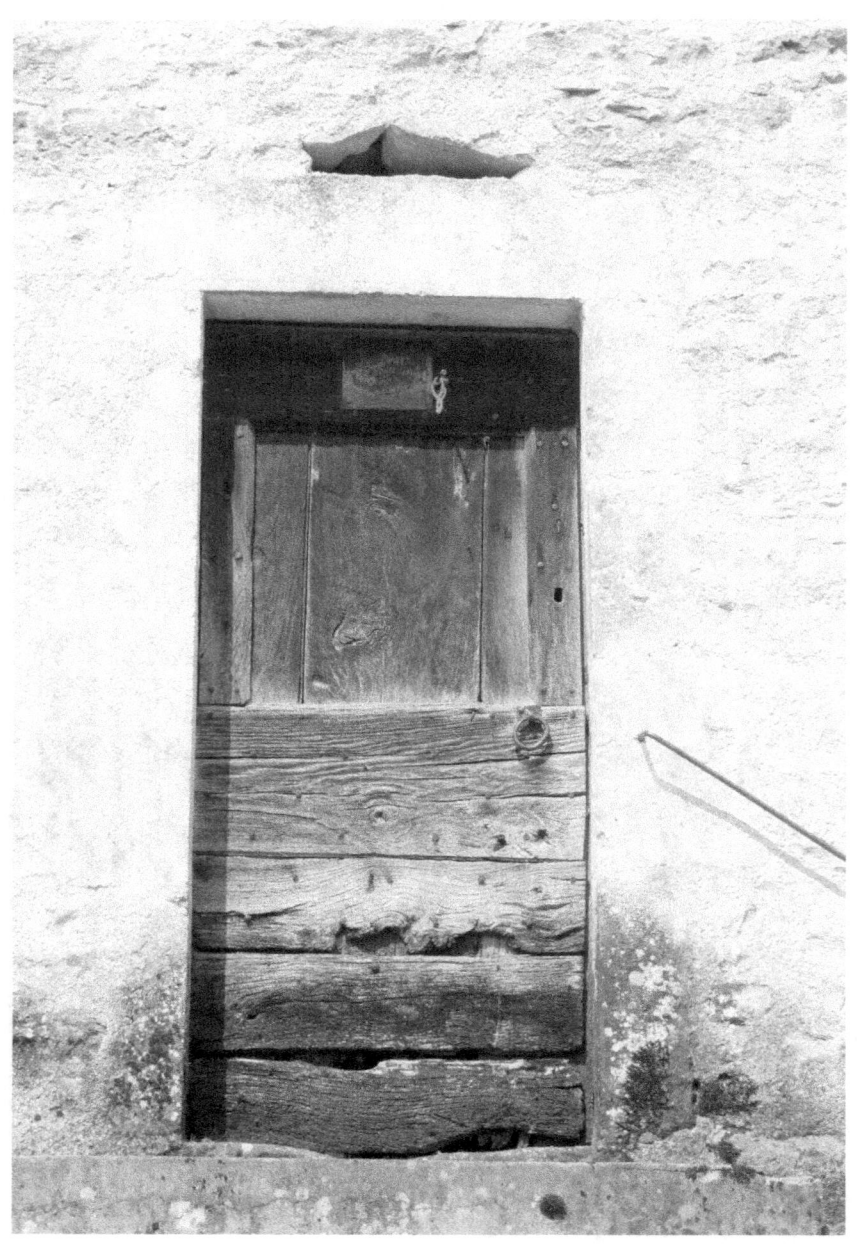

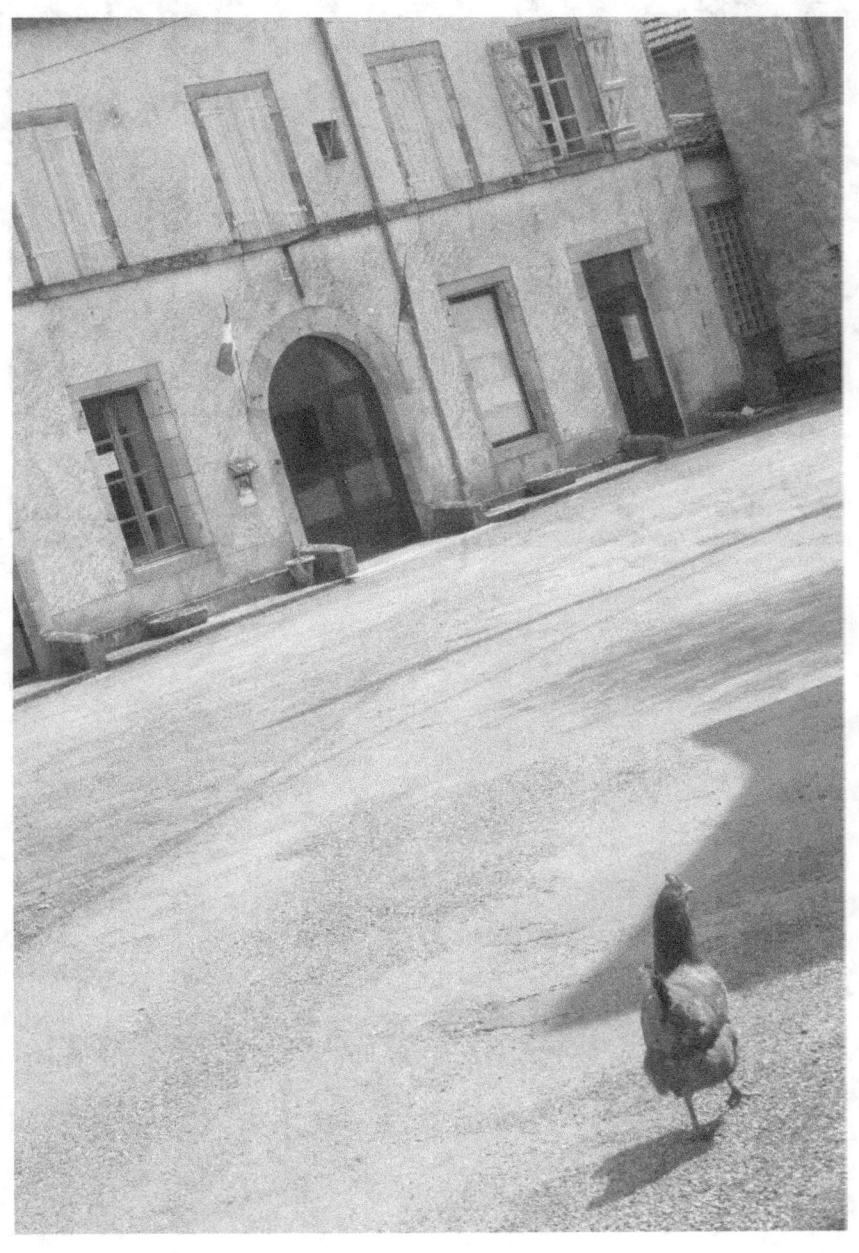

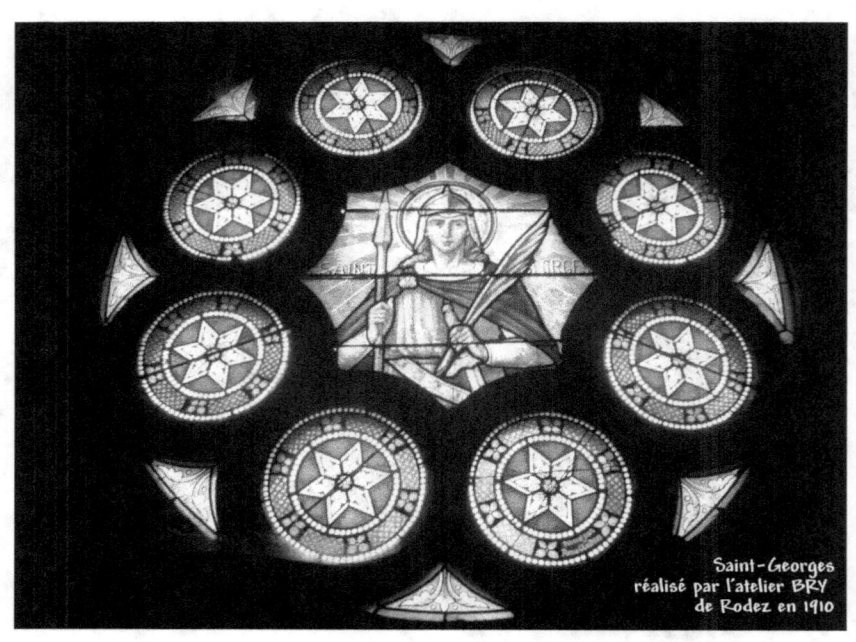

Saint-Georges
réalisé par l'atelier BRY
de Rodez en 1910

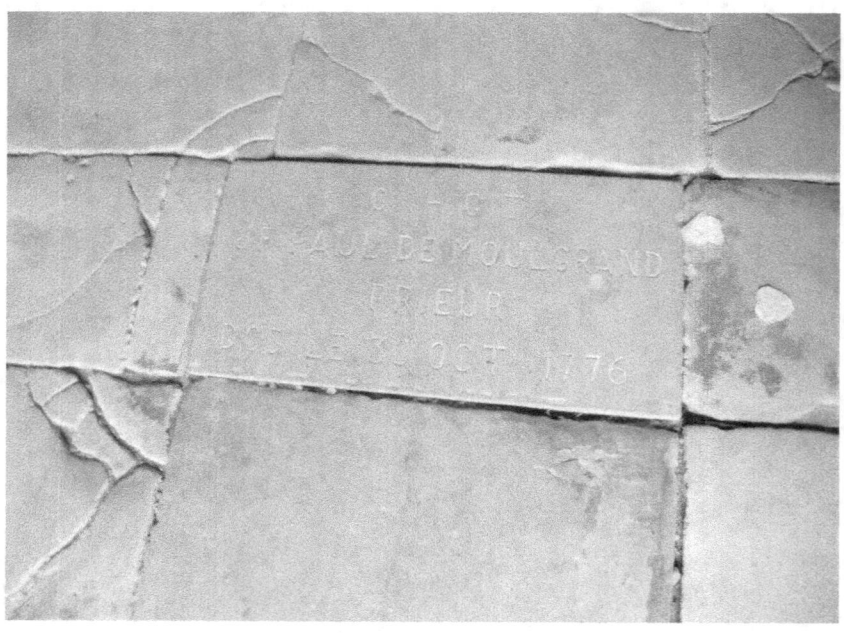

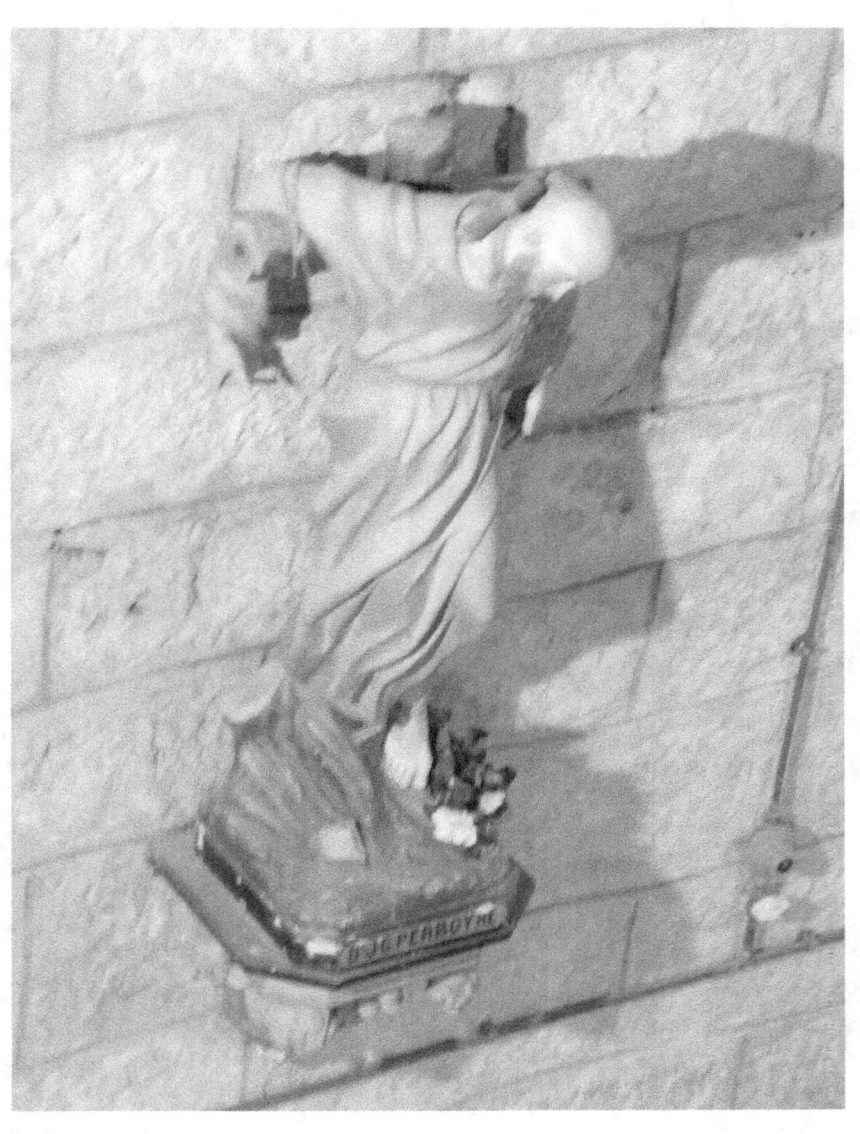

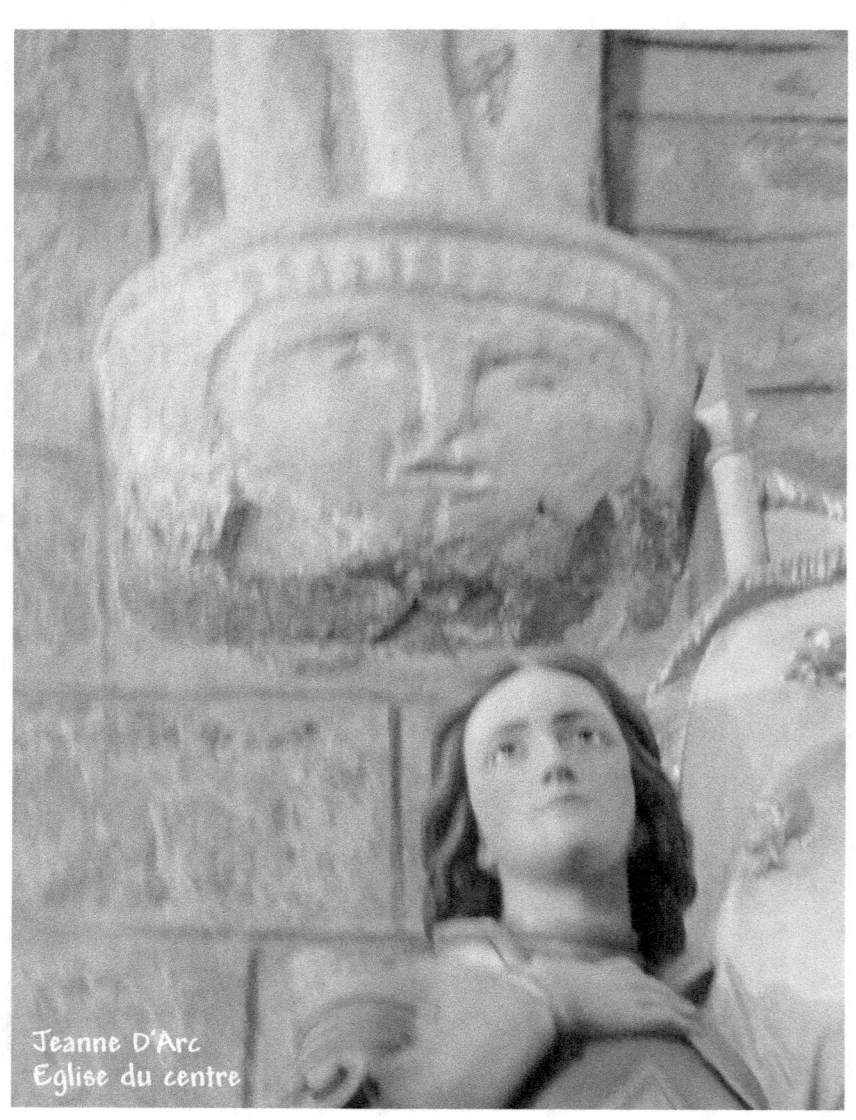

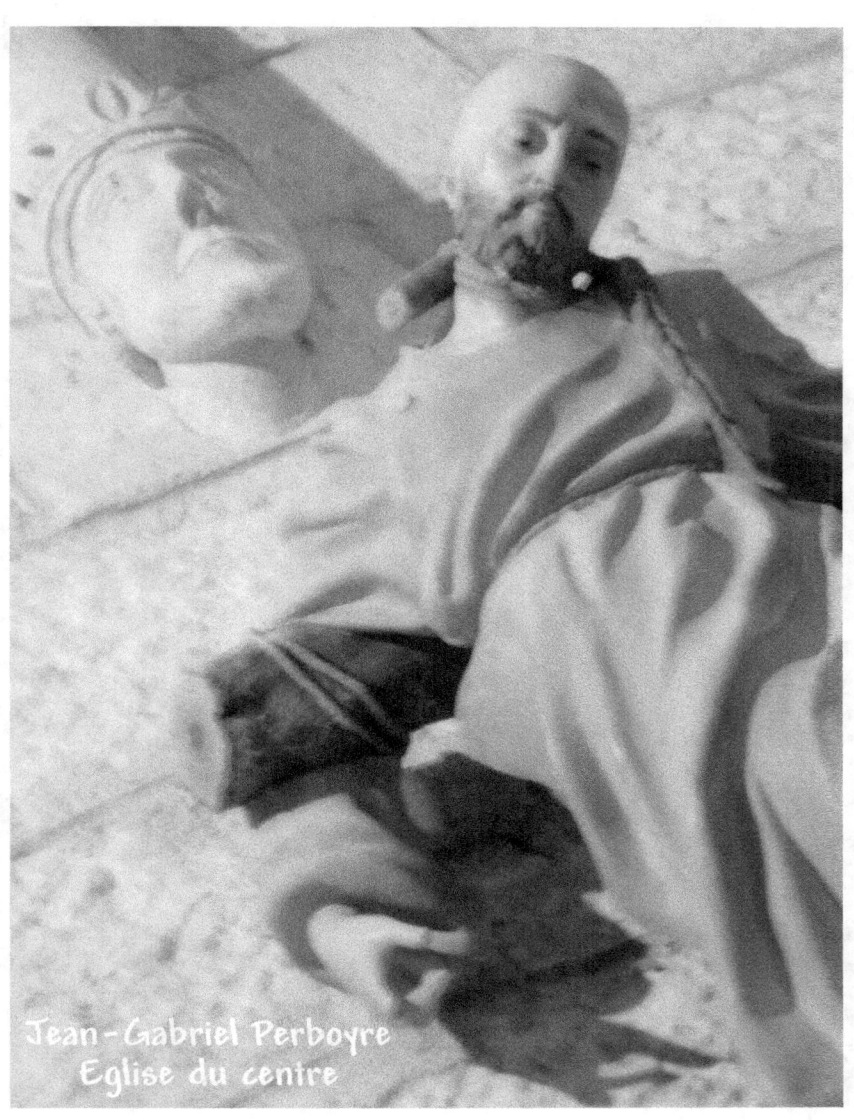

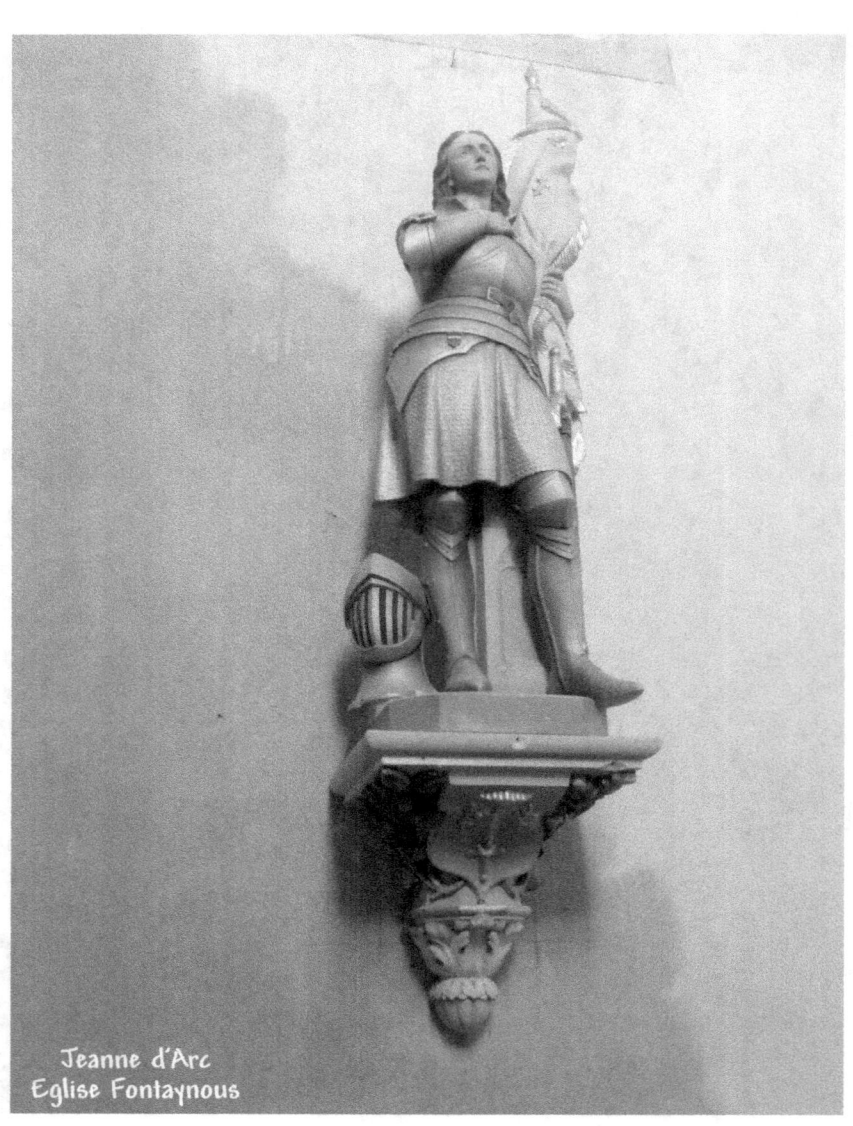

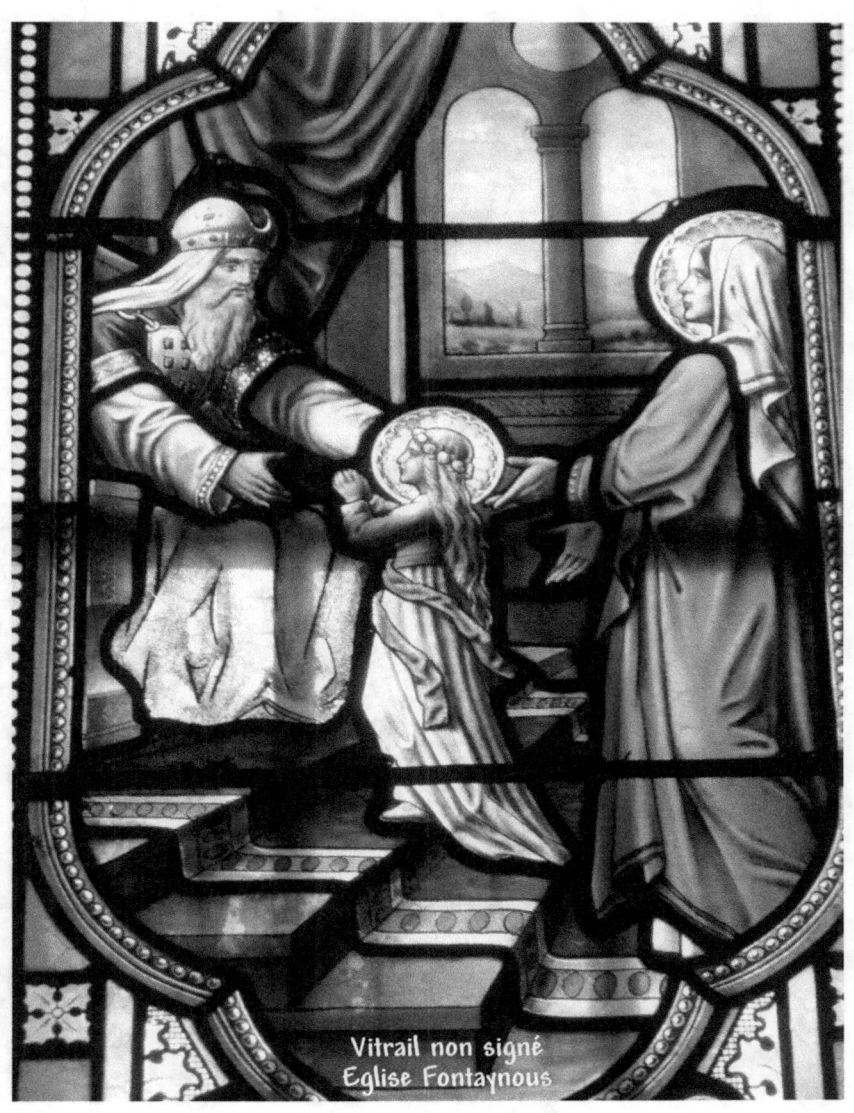

Vitrail non signé
Eglise Fontaynous

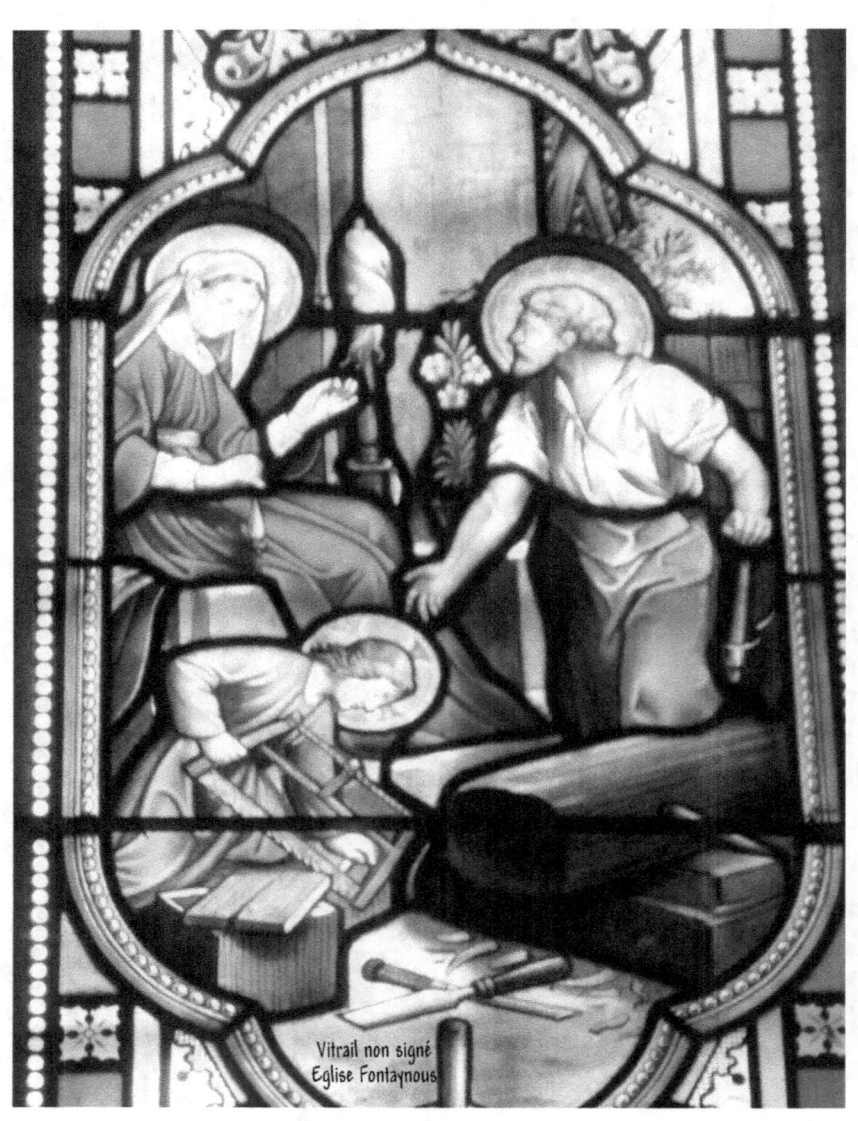

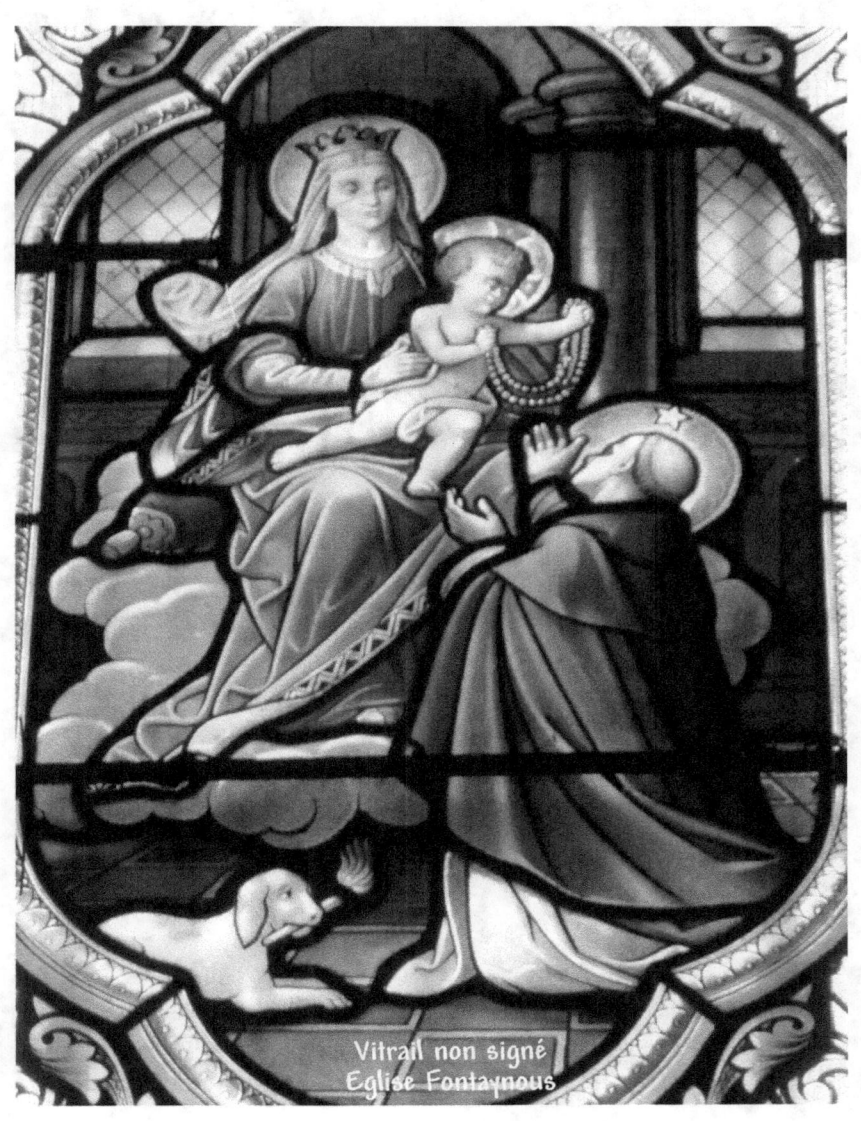

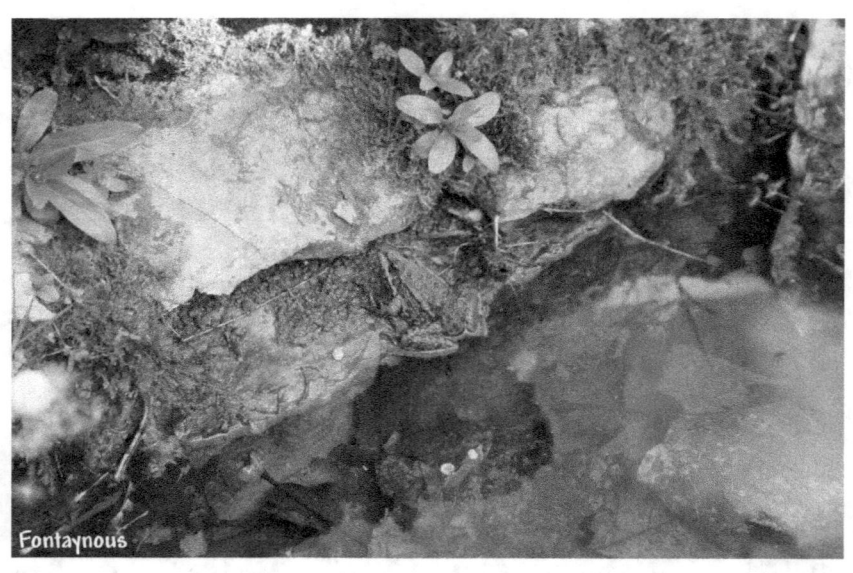

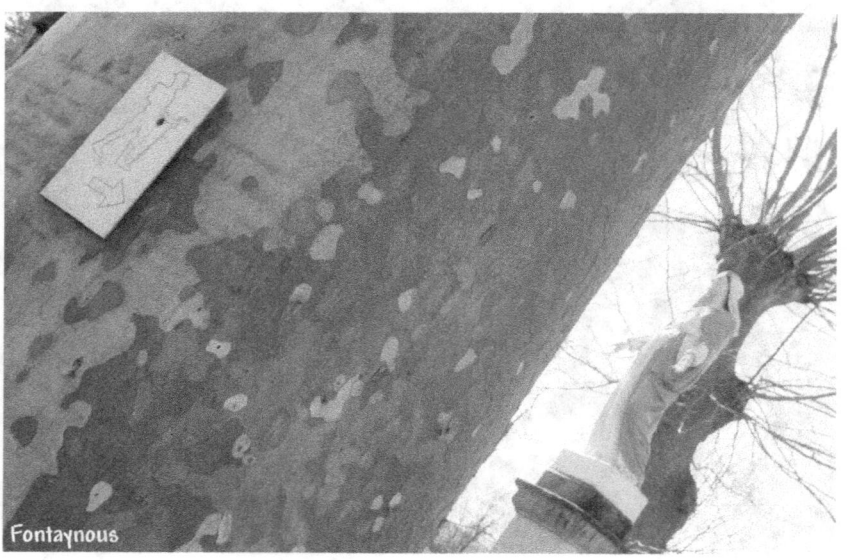

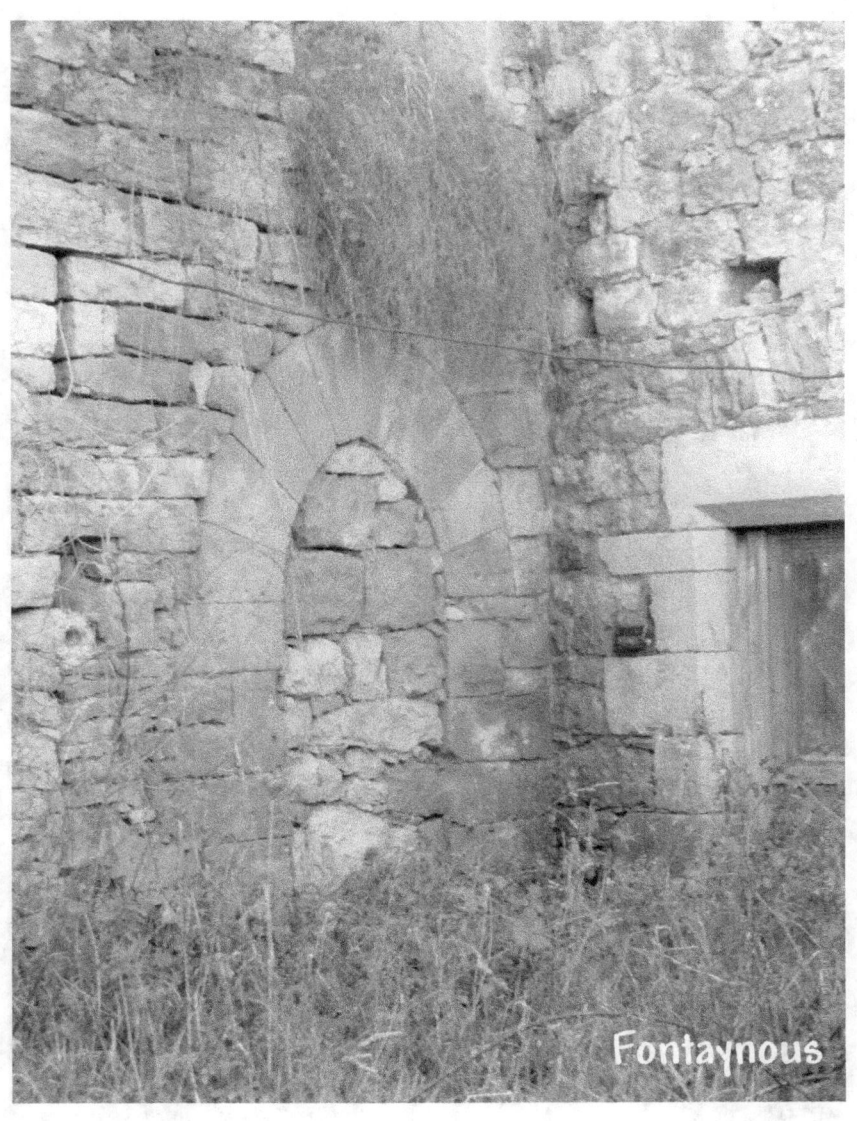

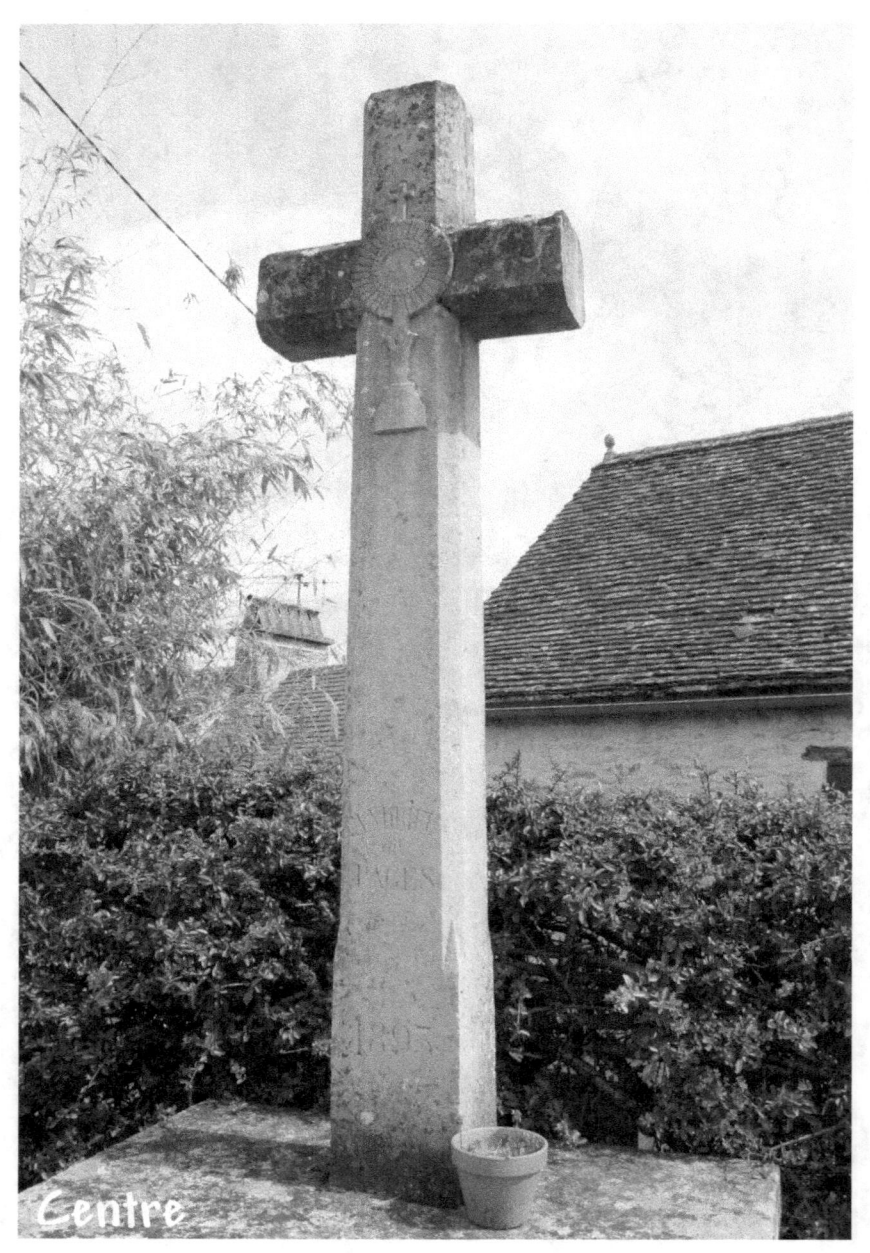

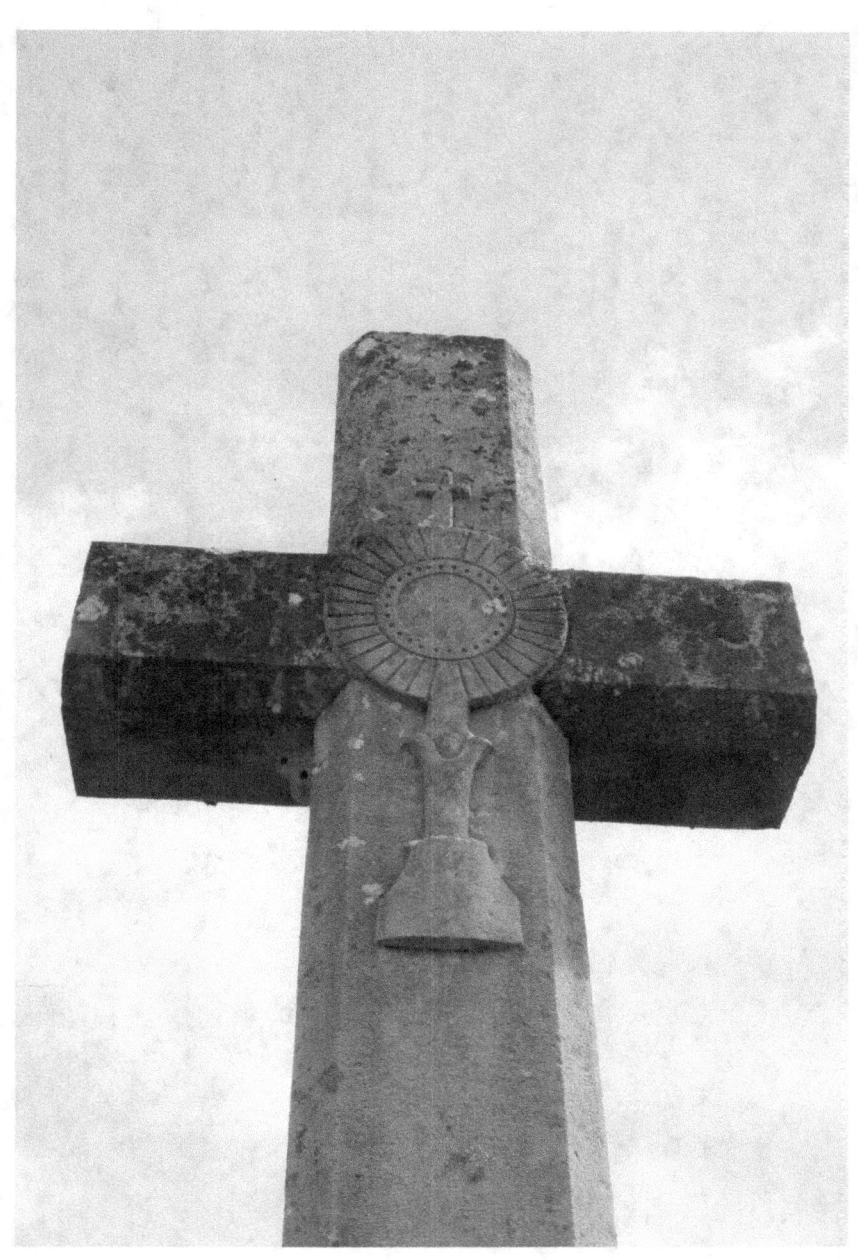

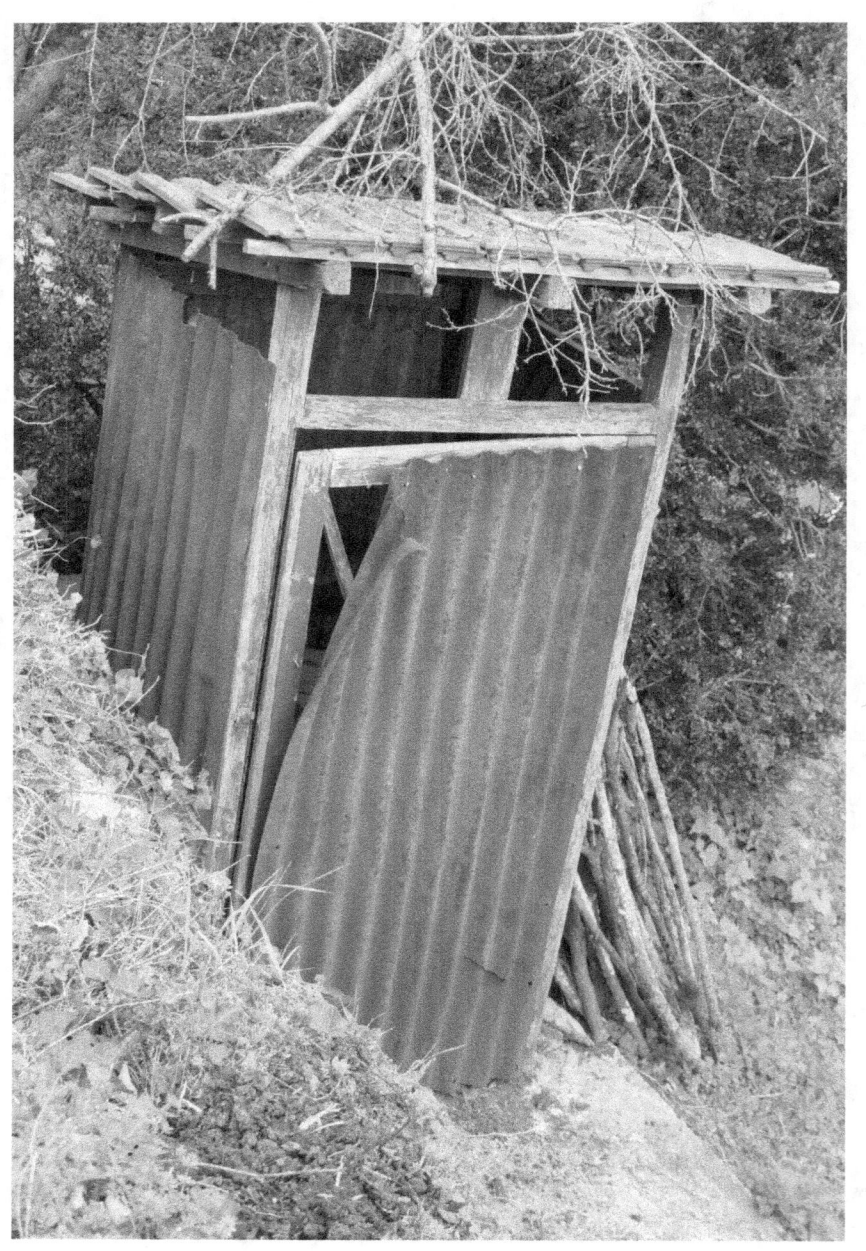

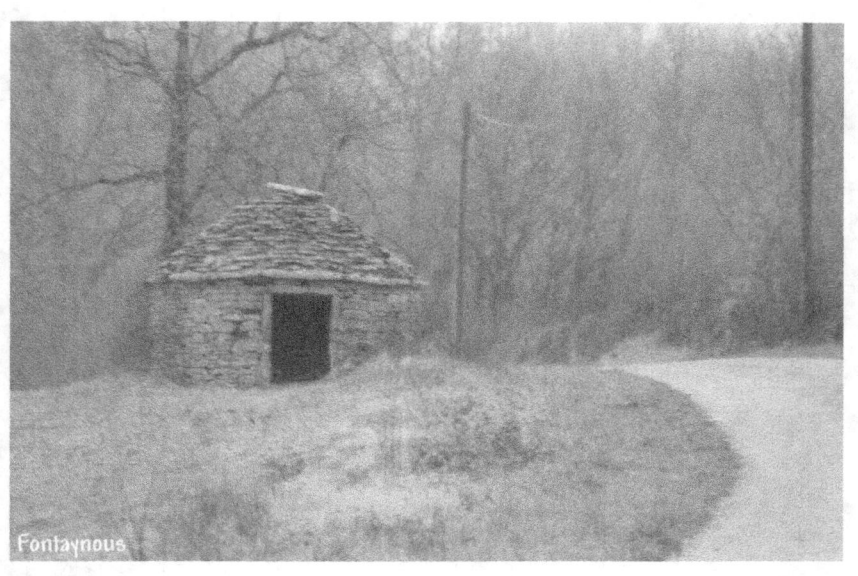

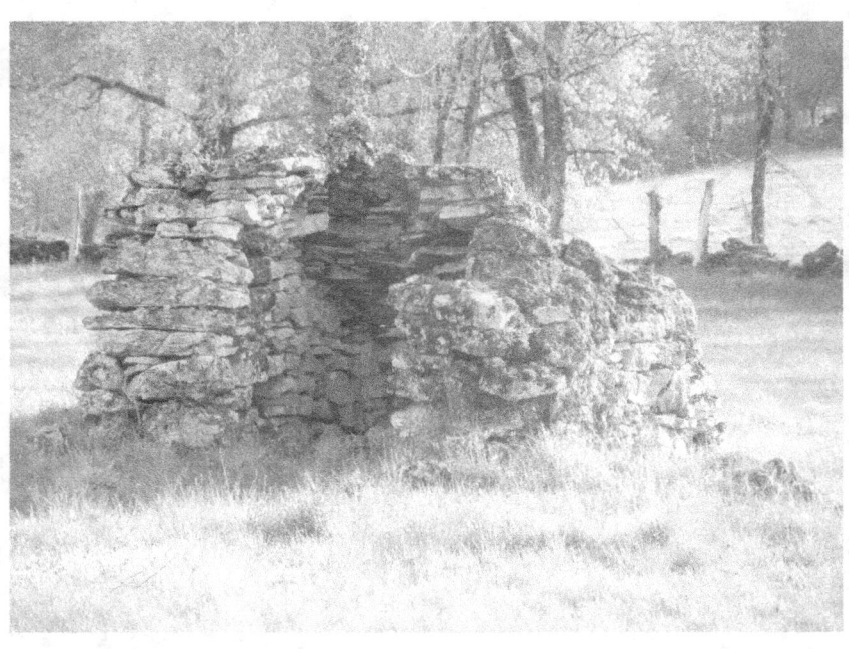

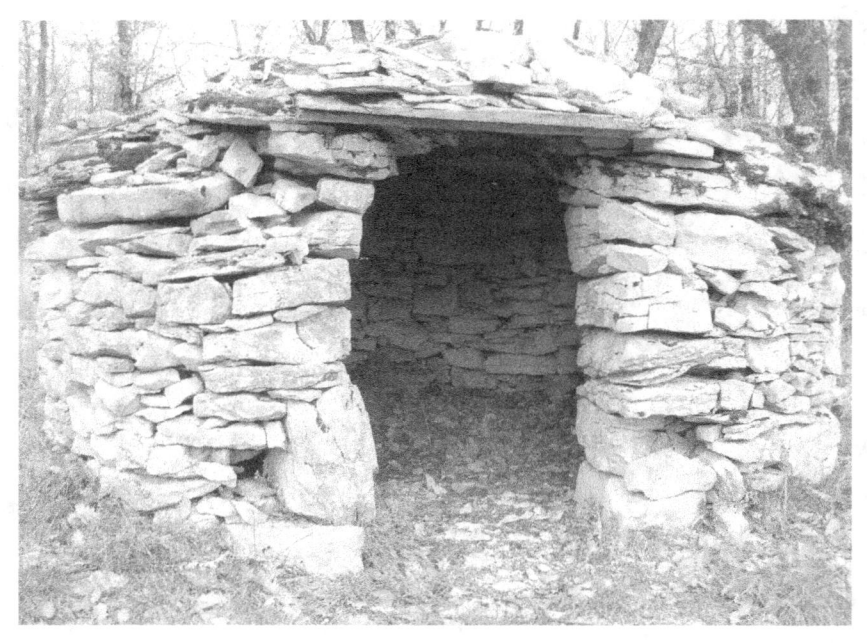

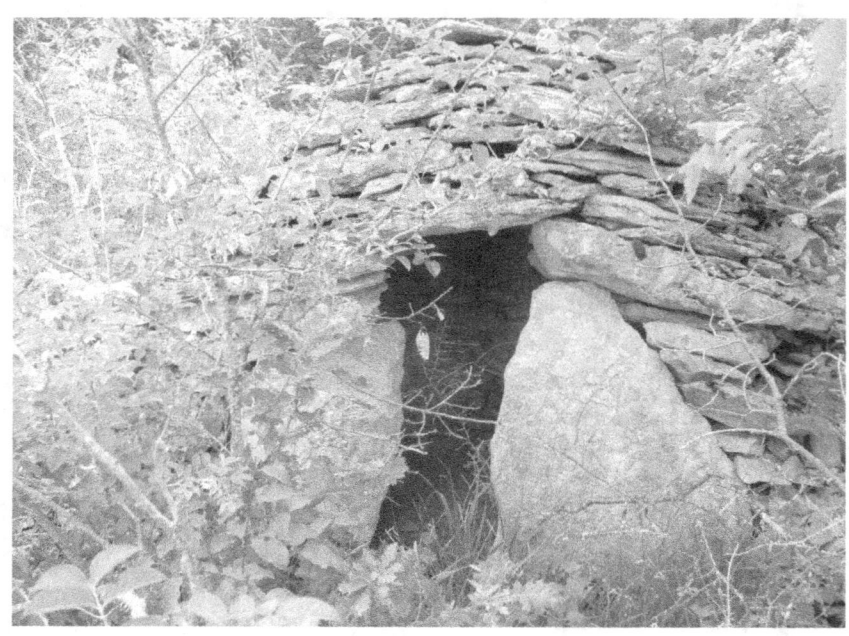

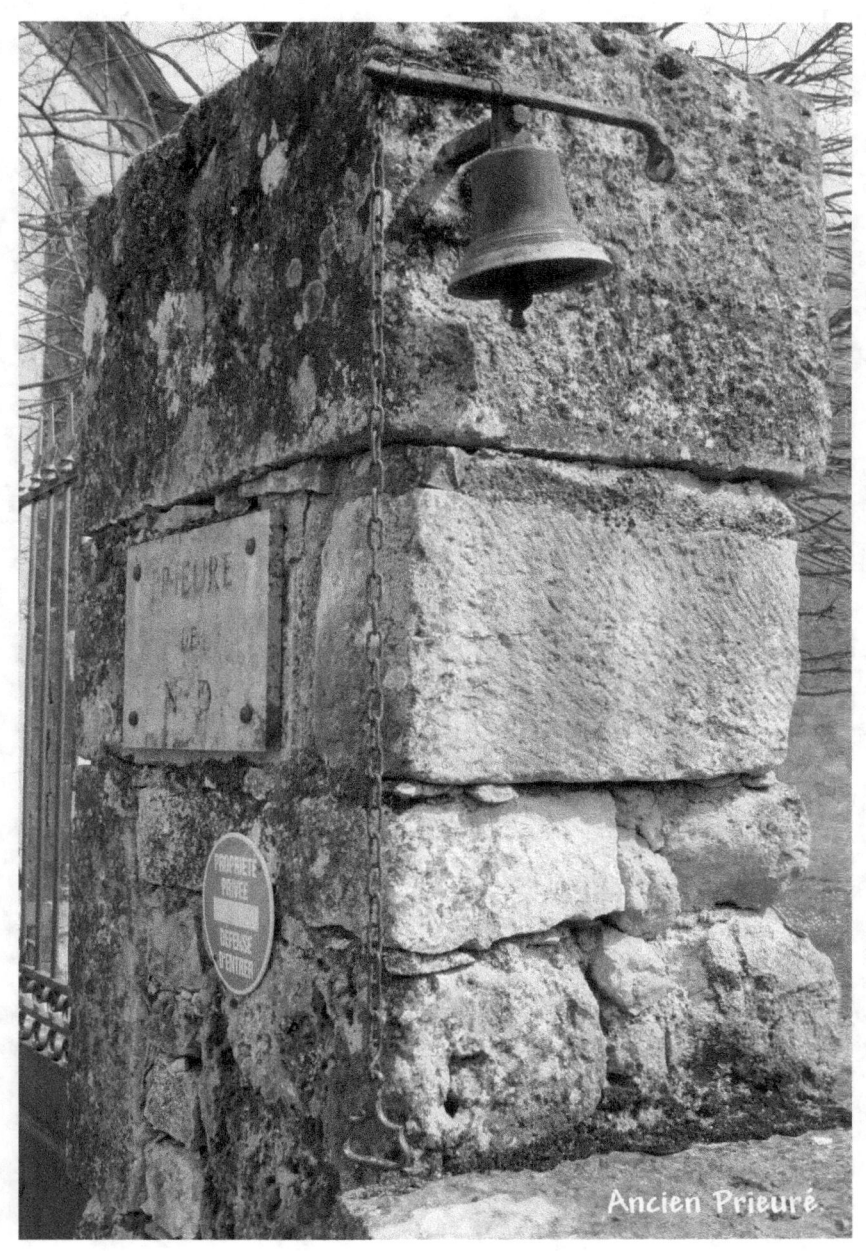

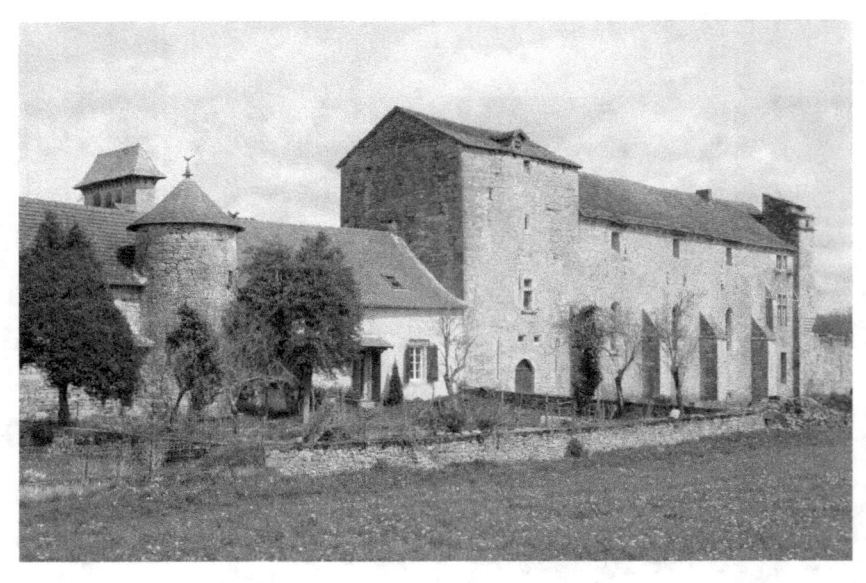

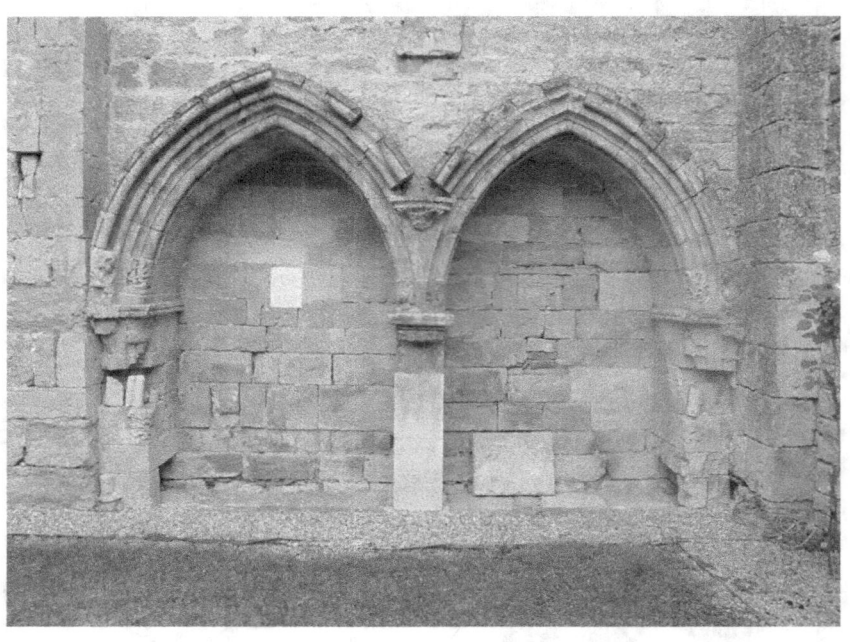

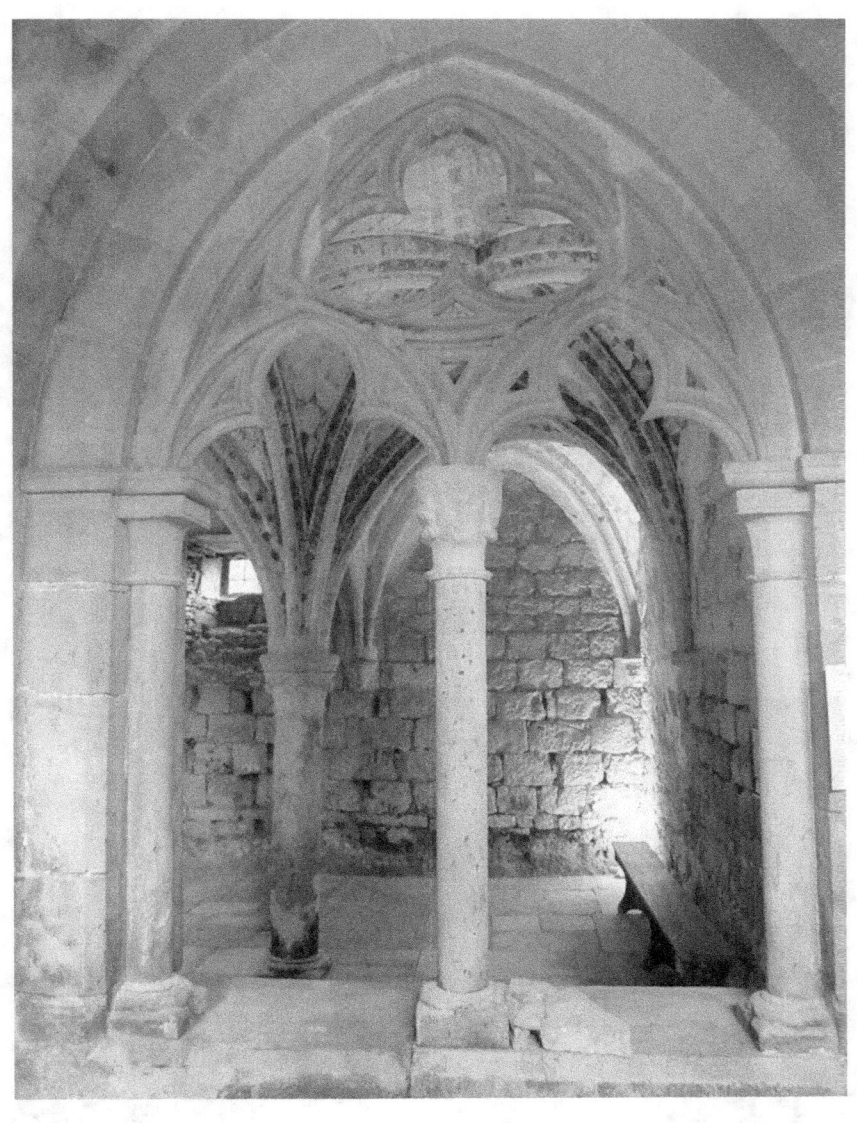

Inscrit par l'arrêté du 18 mai 1925, complété par celui du 30 décembre 1952.
Le prieuré des chanoines réguliers de Saint-Augustin fut fondé en 1148 par le moine itinérant Bertrand de Grifeuille.

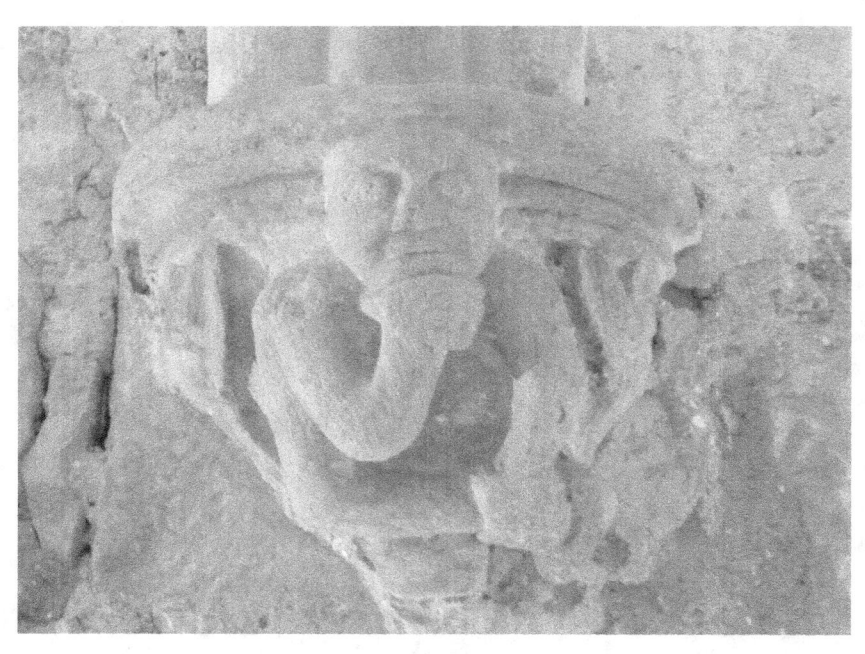

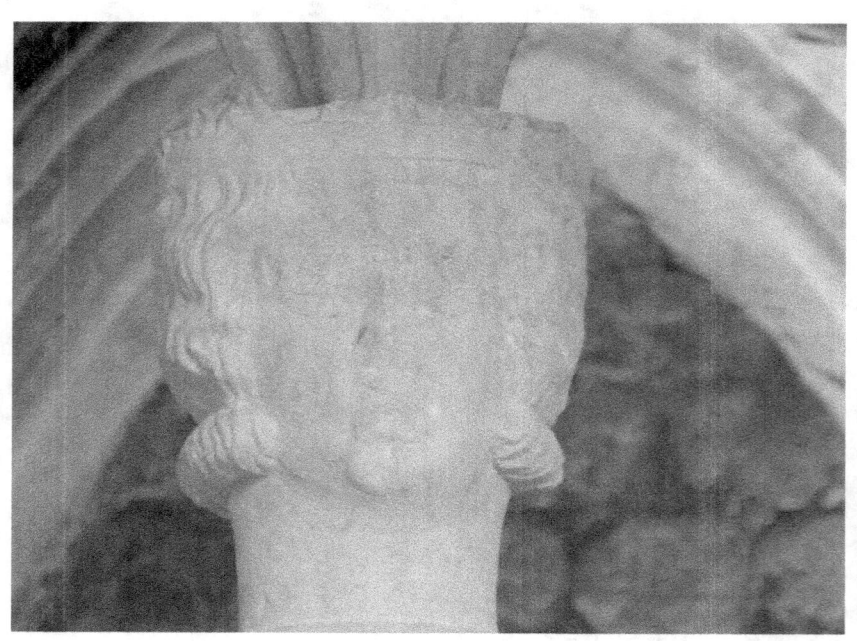

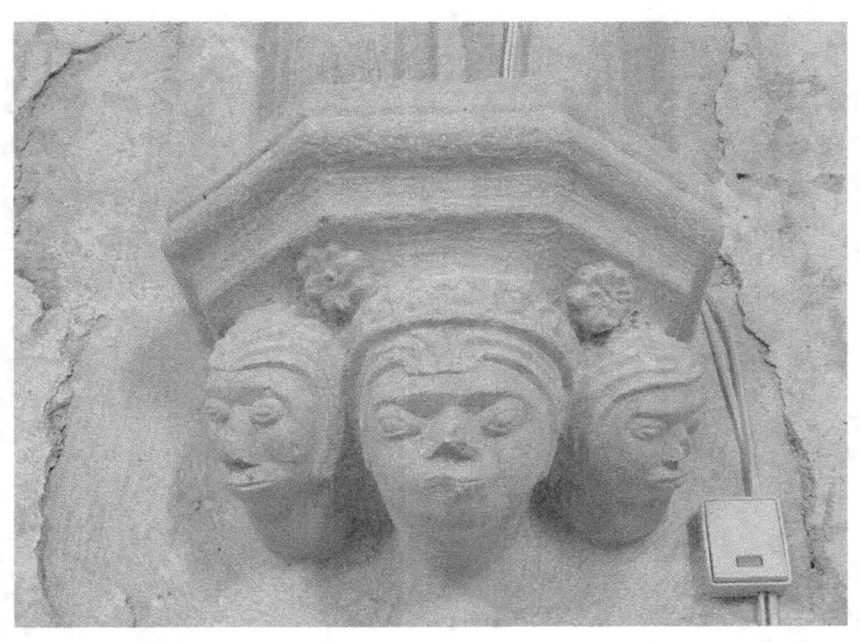

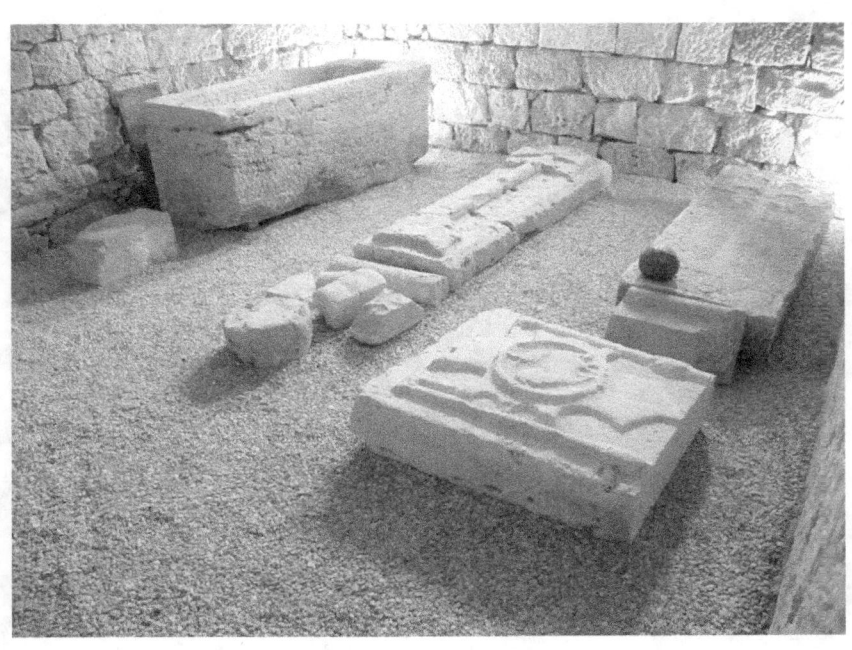

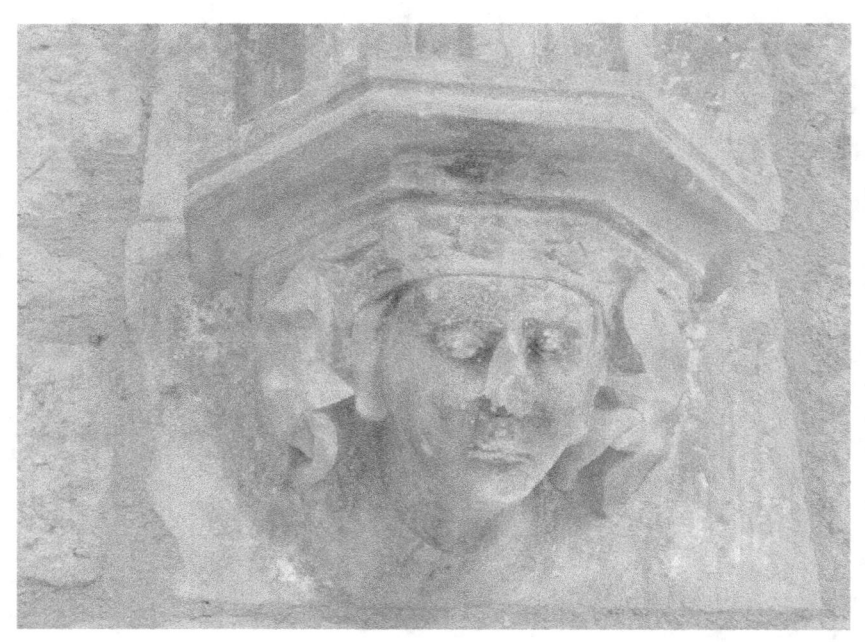
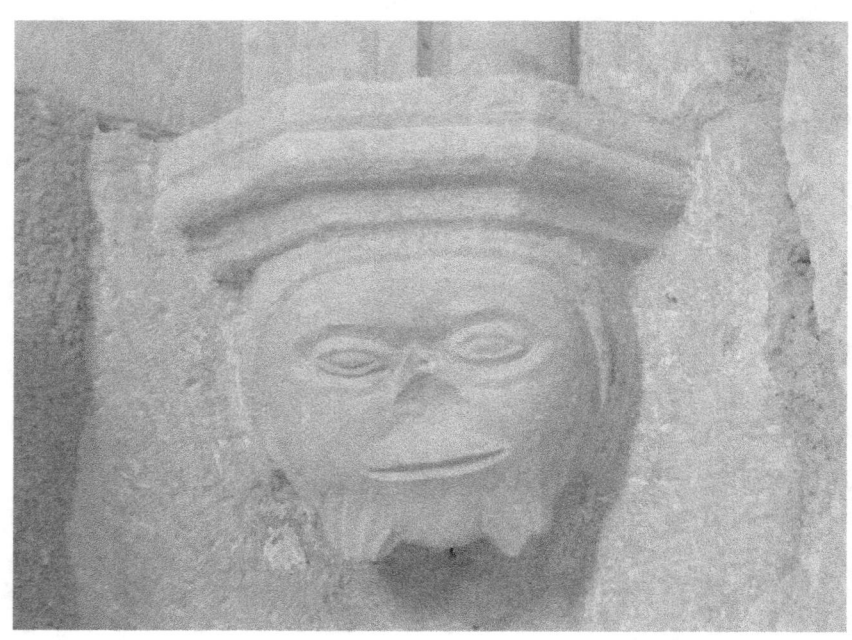

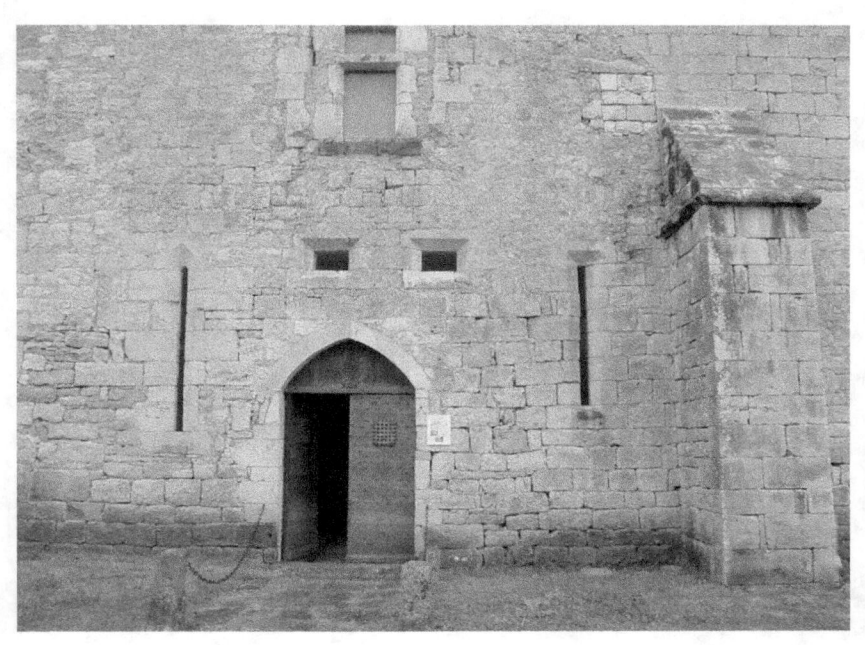

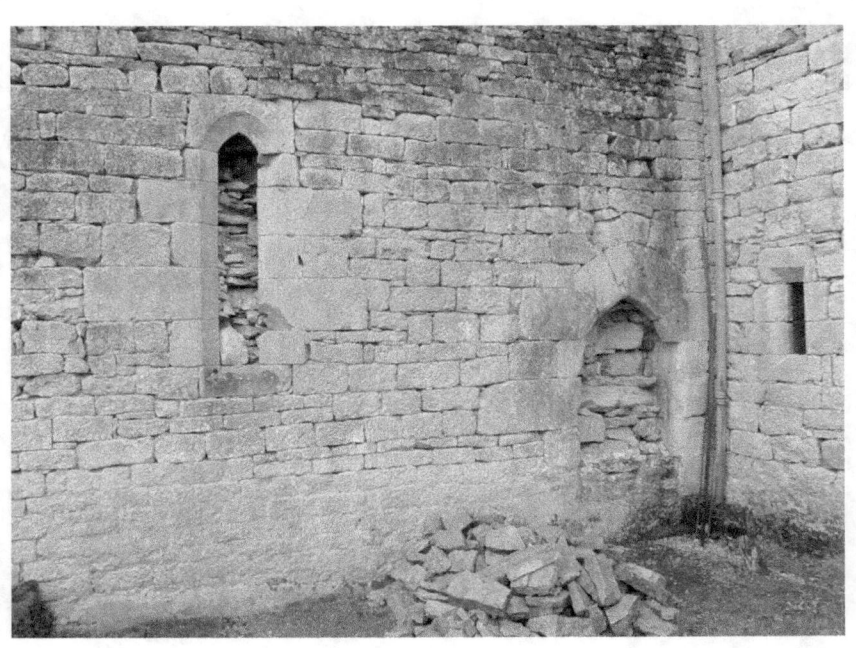

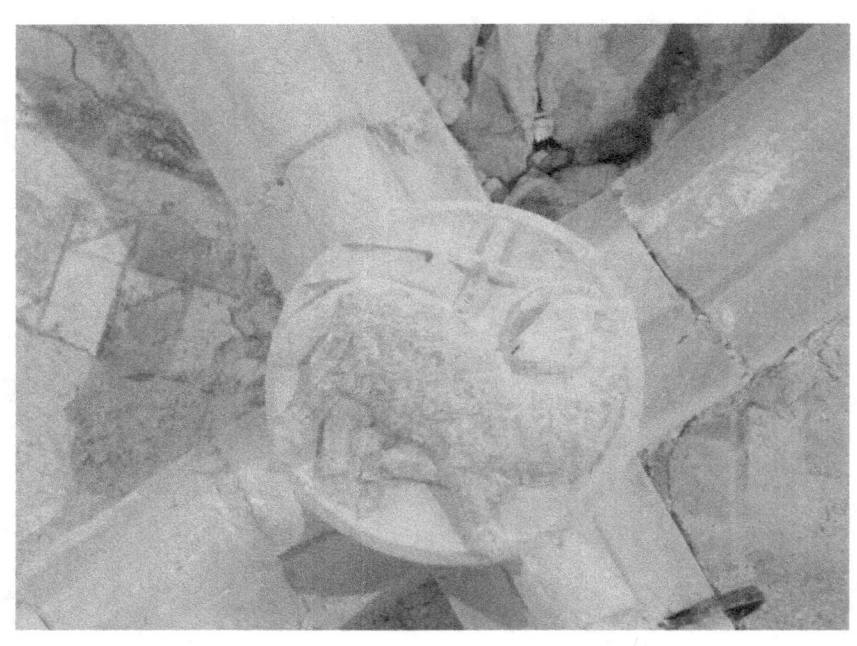

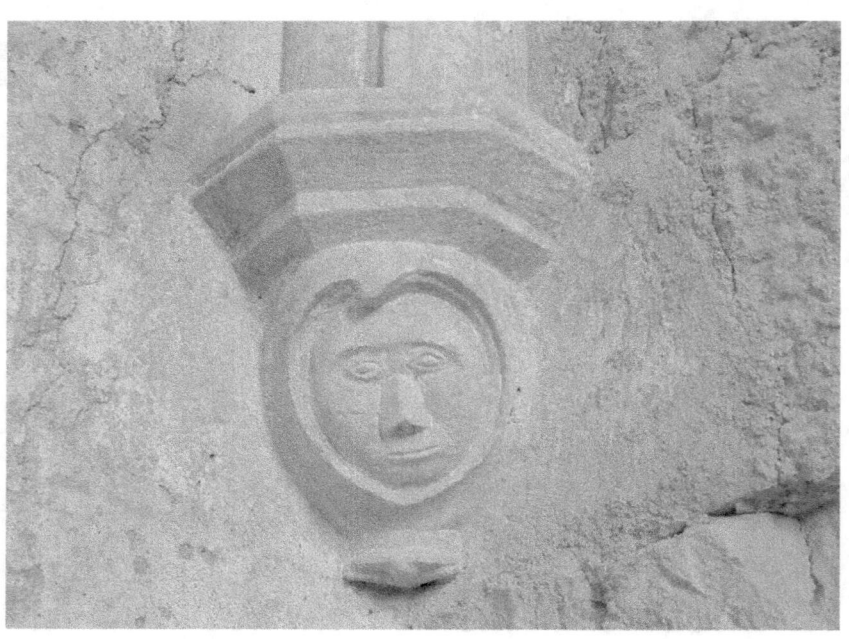

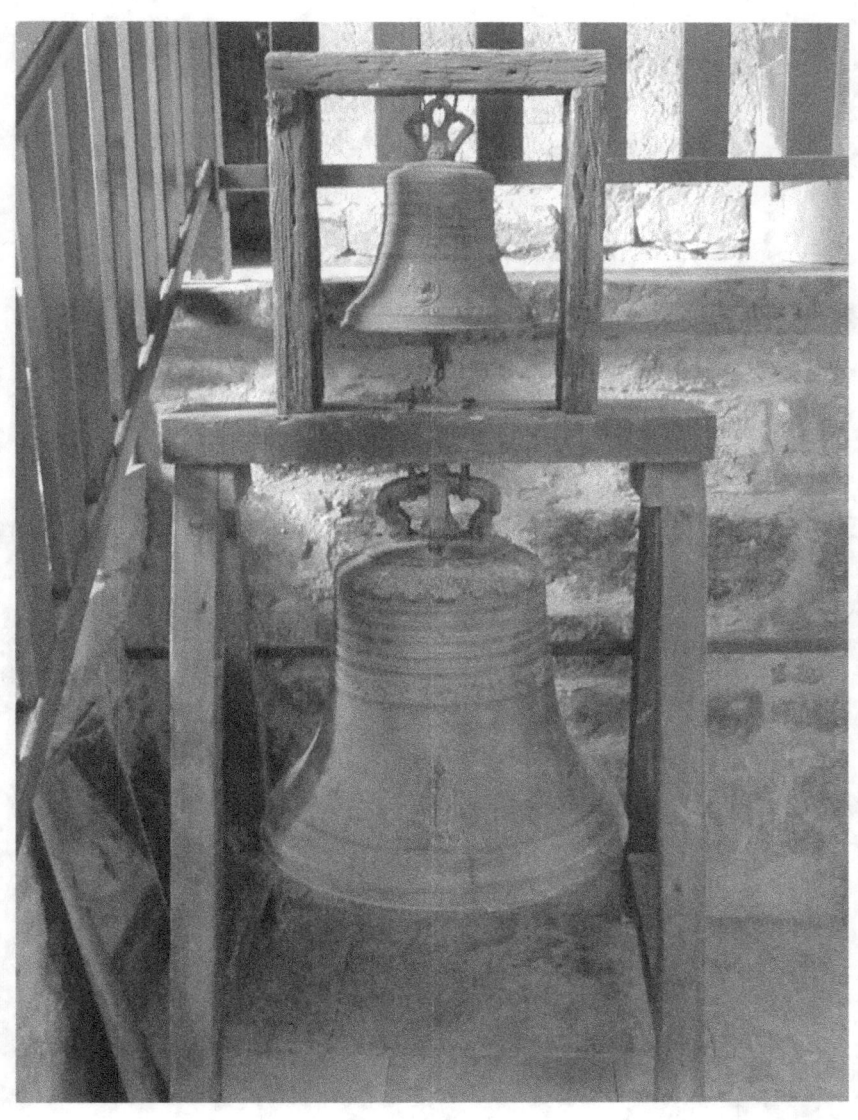

Le prieuré fut pillé durant la guerre de Cent ans et les guerres de Religion. Au 17e siècle, il fut attribué au collège des Jésuites de Toulouse.
À la Révolution, il fut vendu comme bien national.

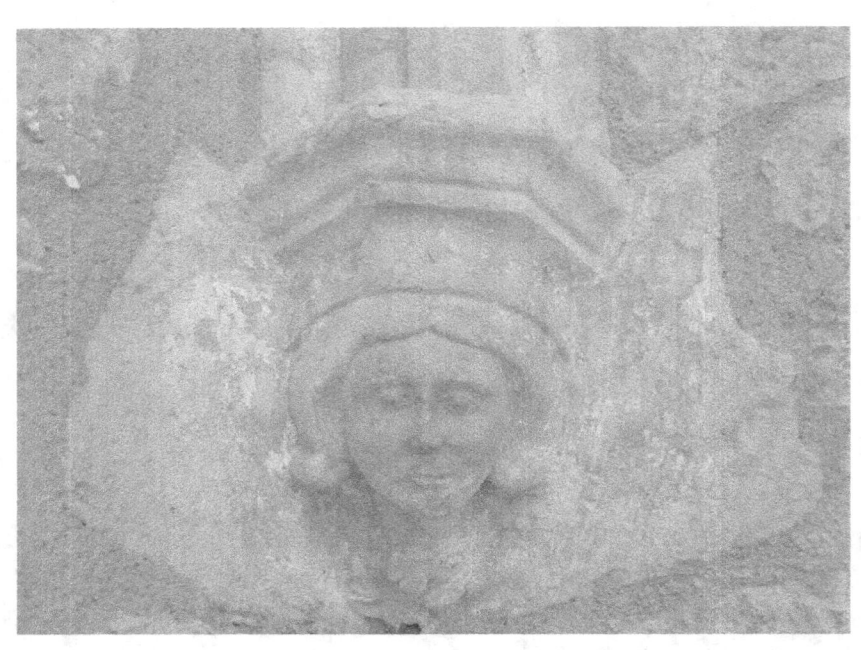

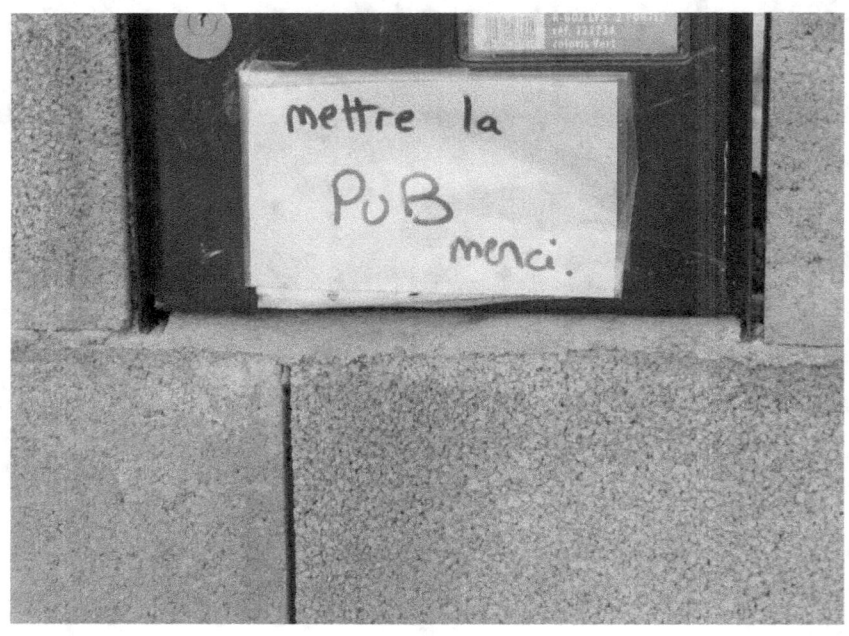

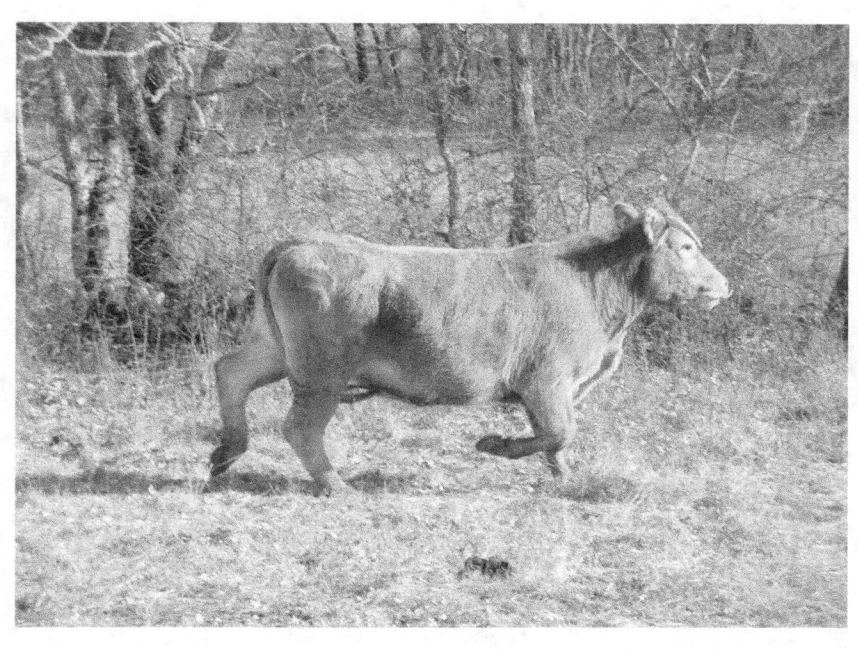

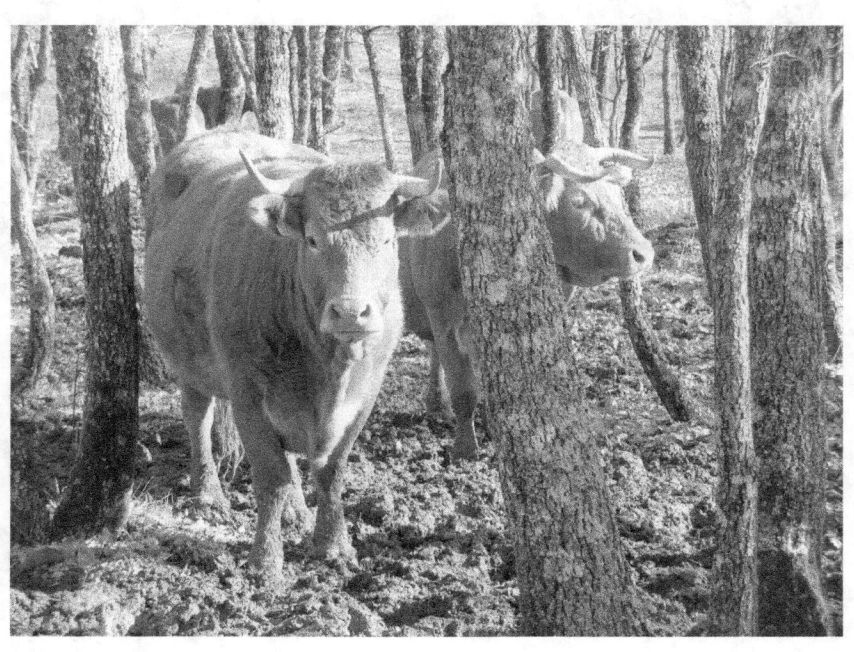

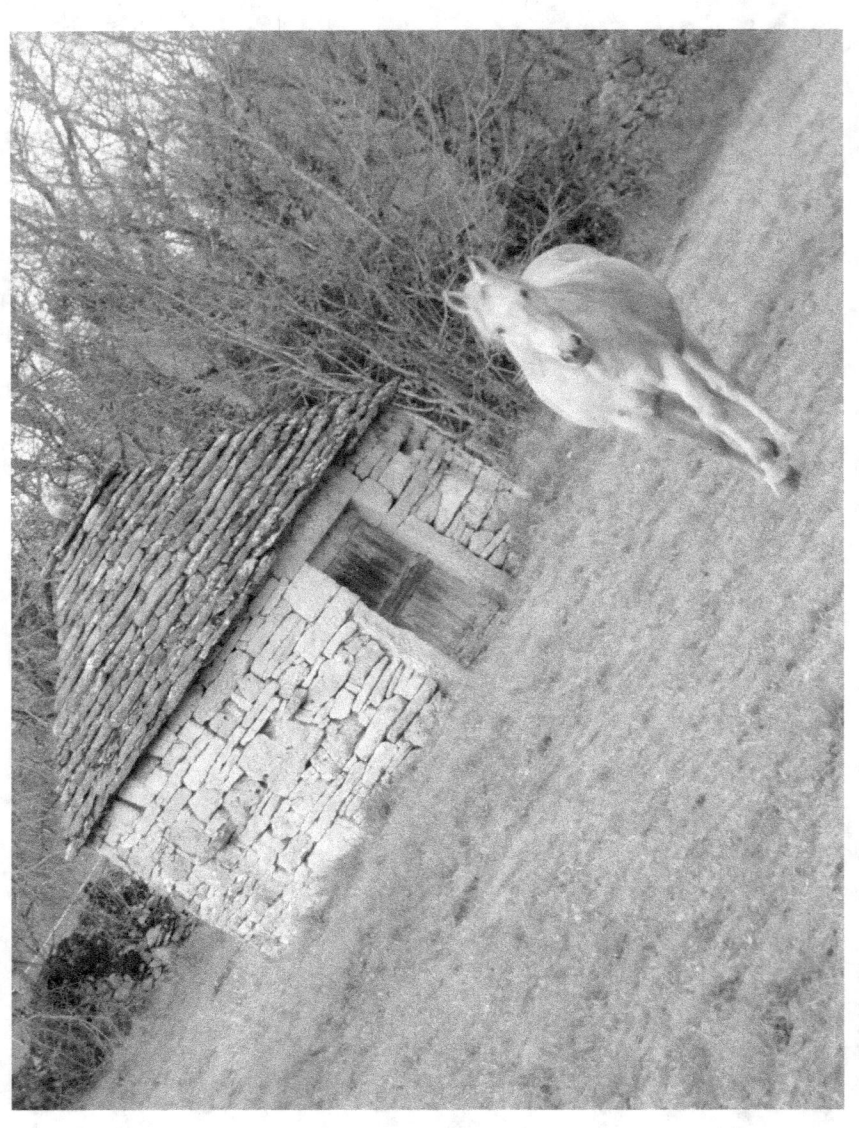

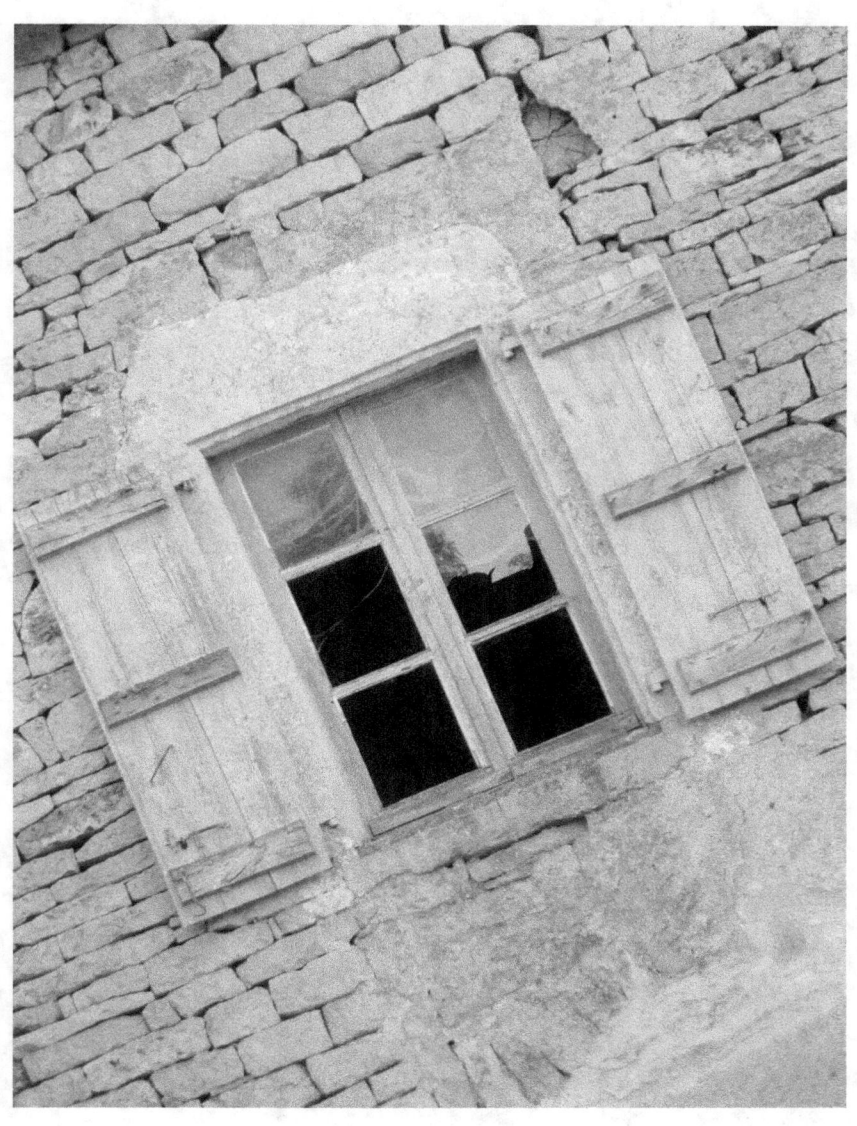

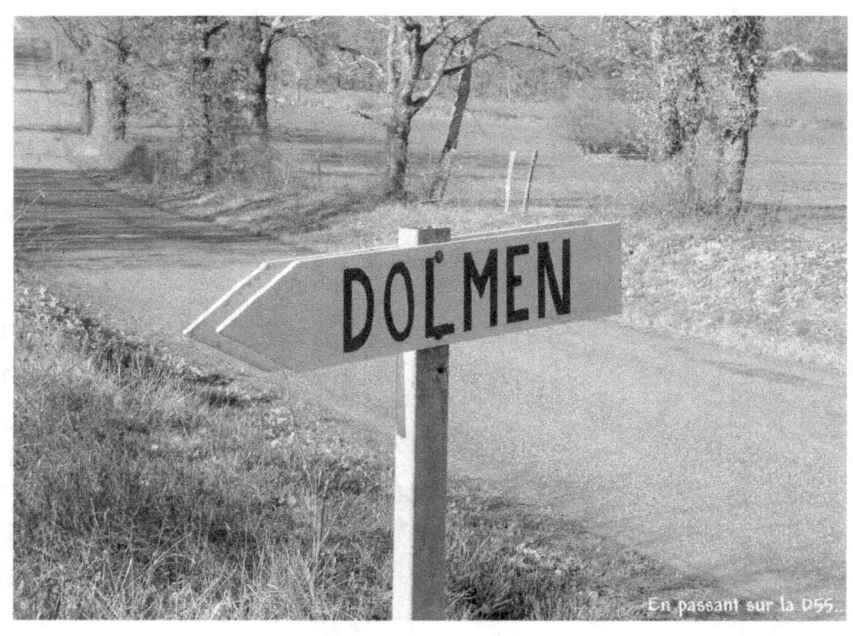

En passant sur la D55...

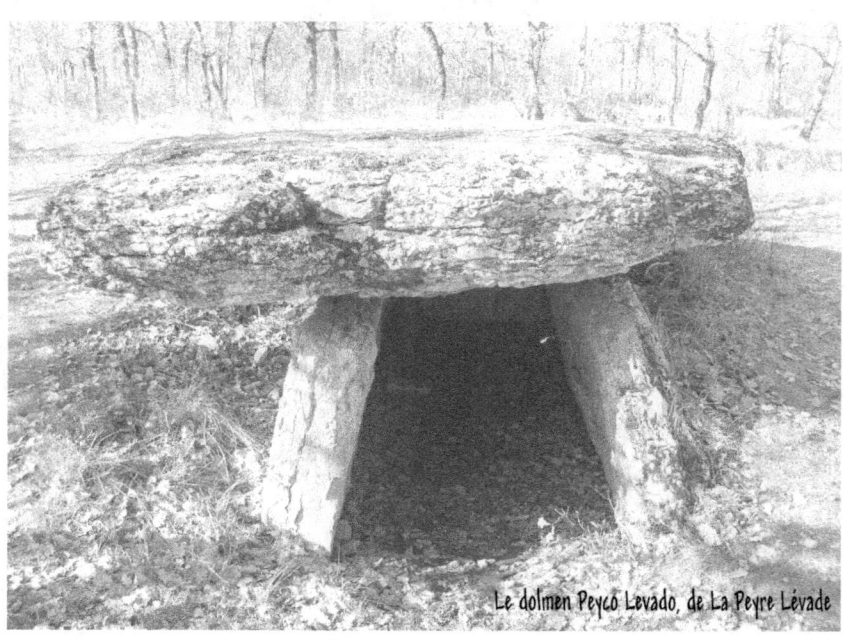

Le dolmen Peyco Levado, de La Peyre Lévade

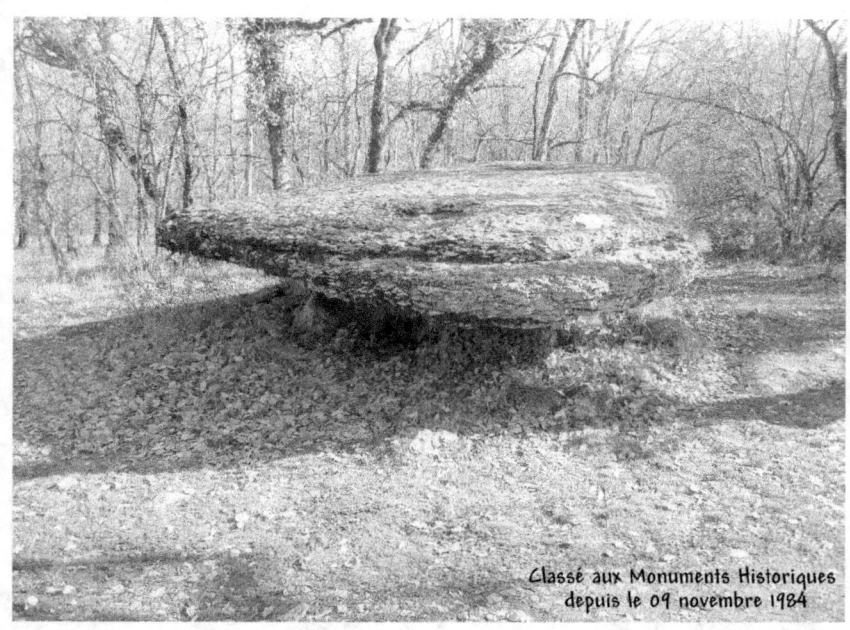

Classé aux Monuments Historiques
depuis le 09 novembre 1984

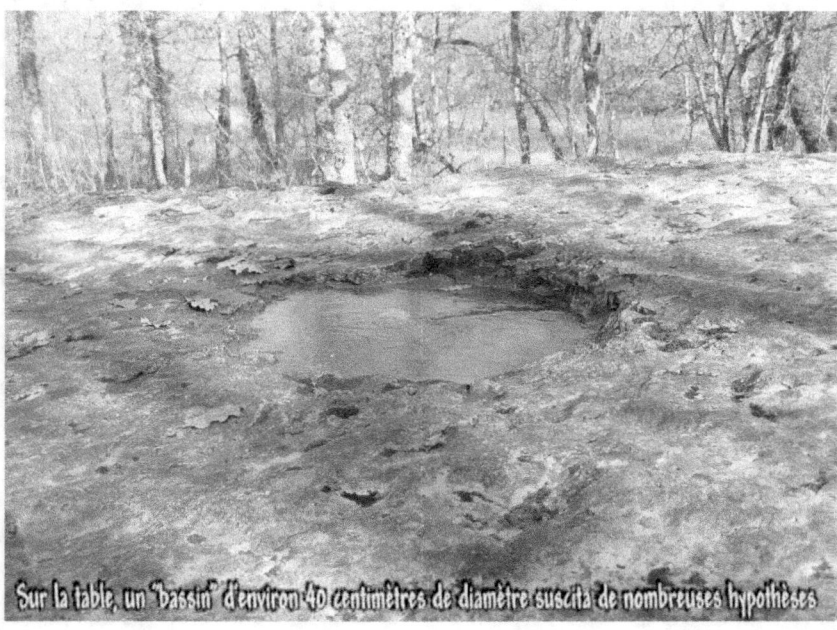

Sur la table, un "bassin" d'environ 40 centimètres de diamètre suscita de nombreuses hypothèses

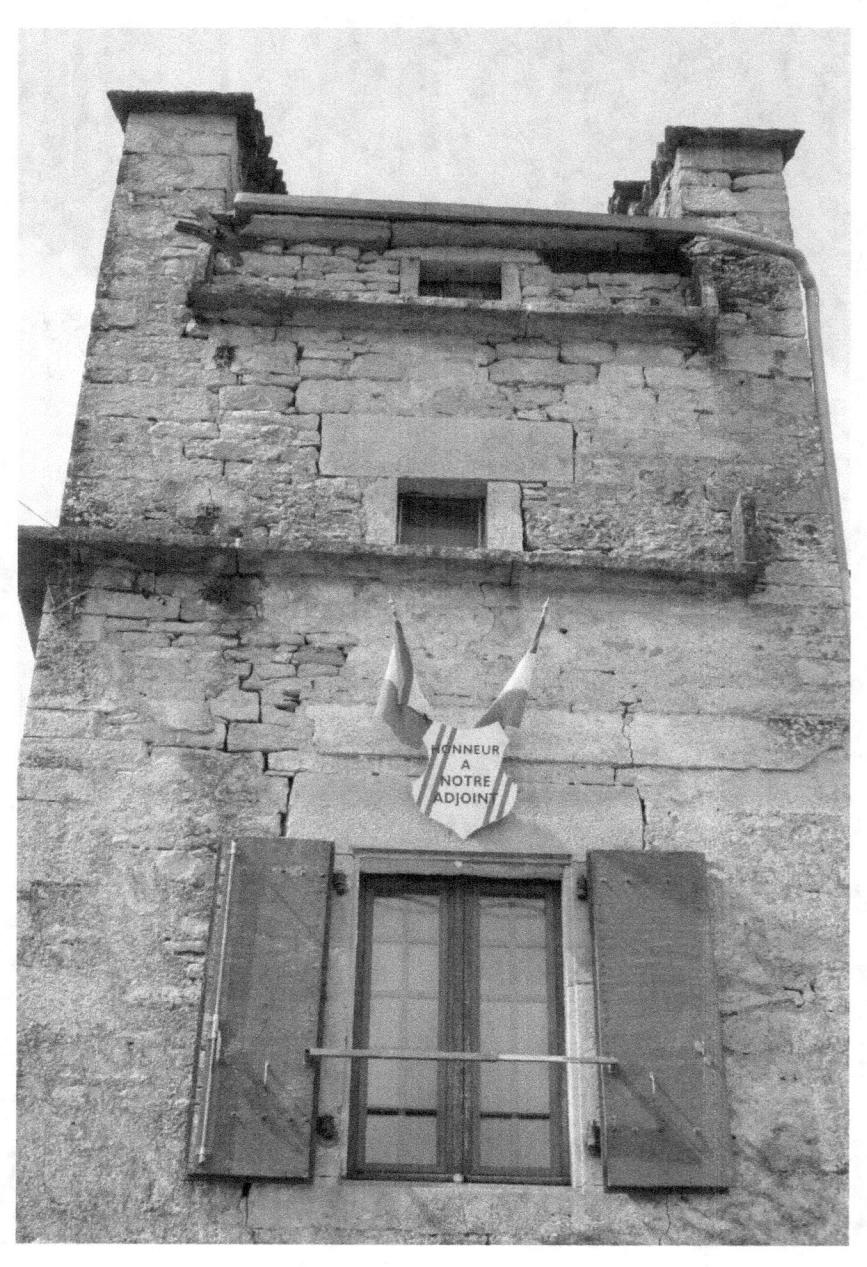

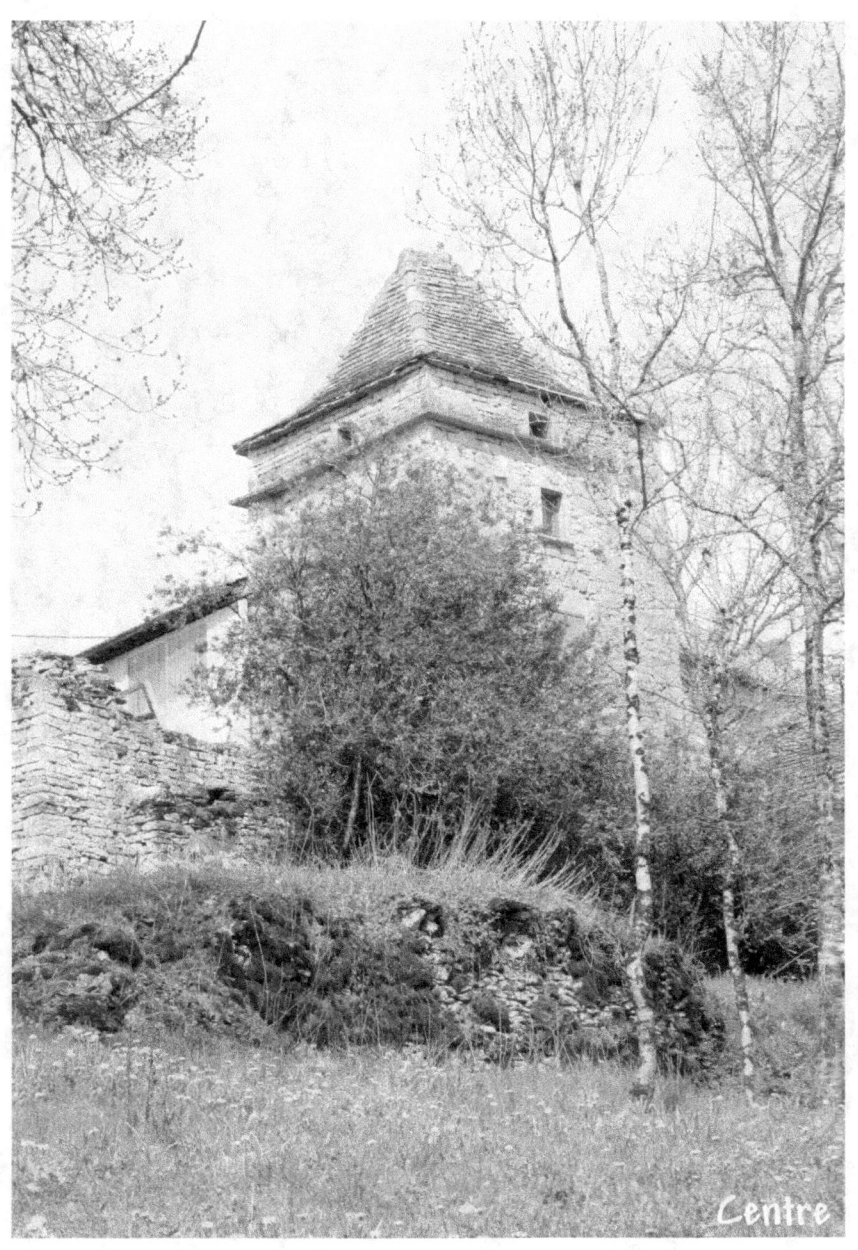

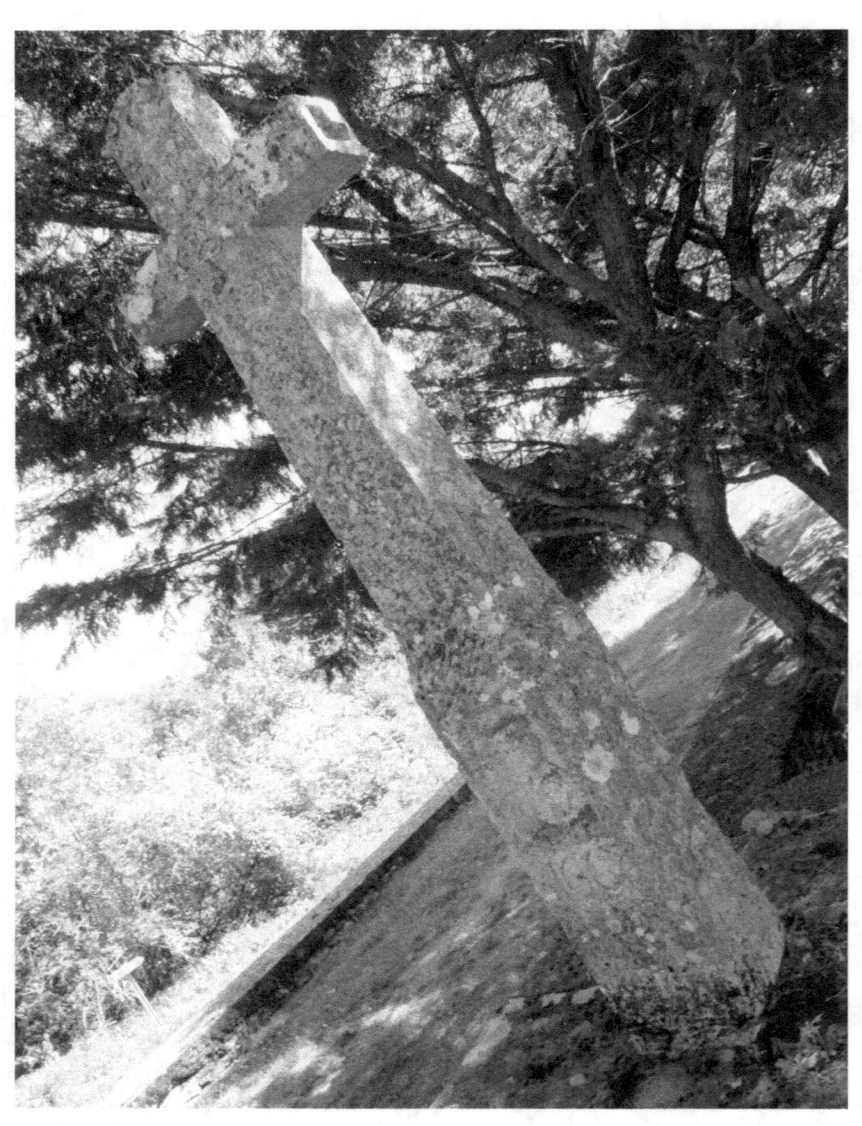

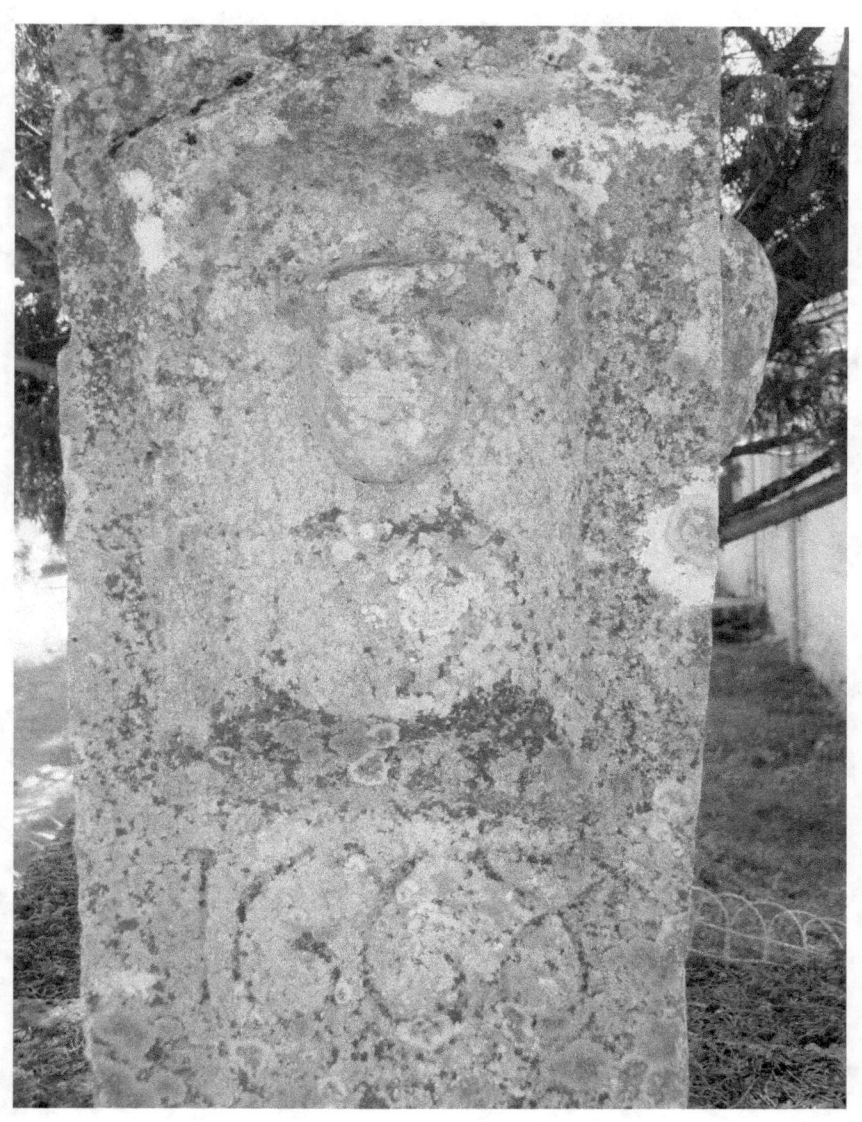

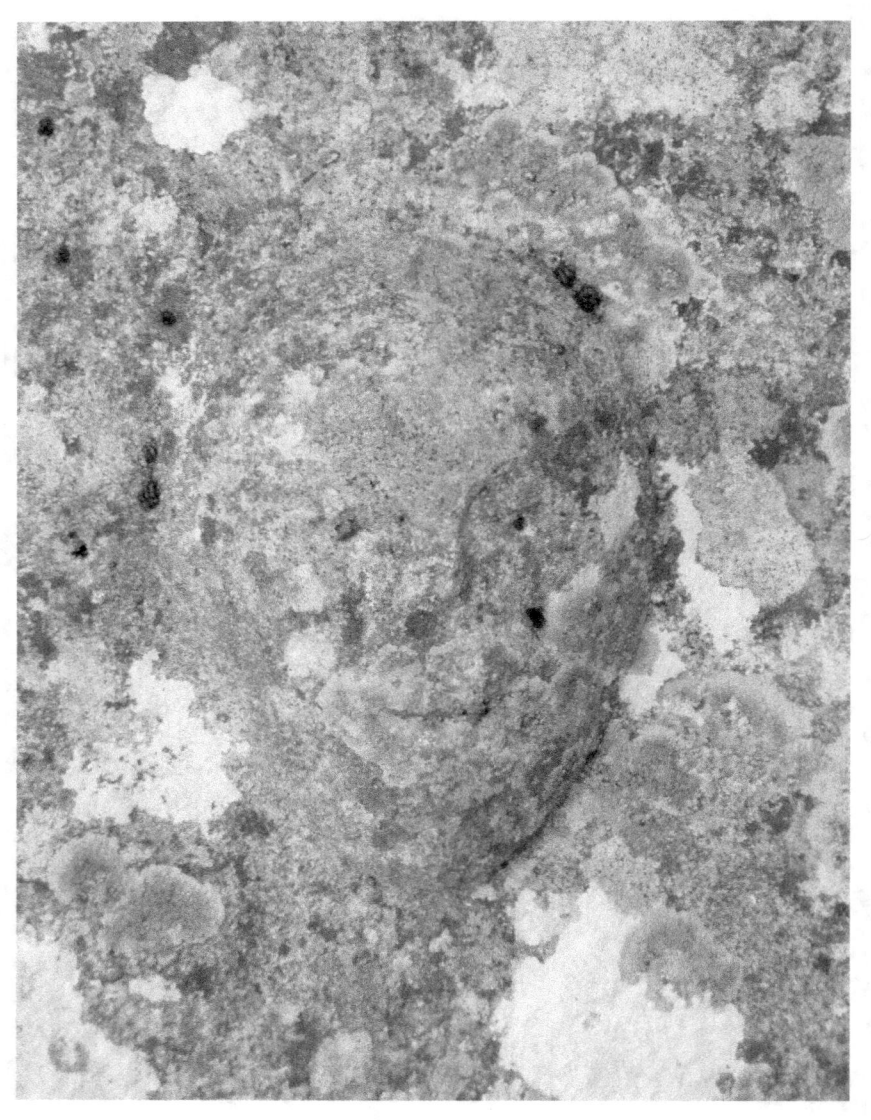

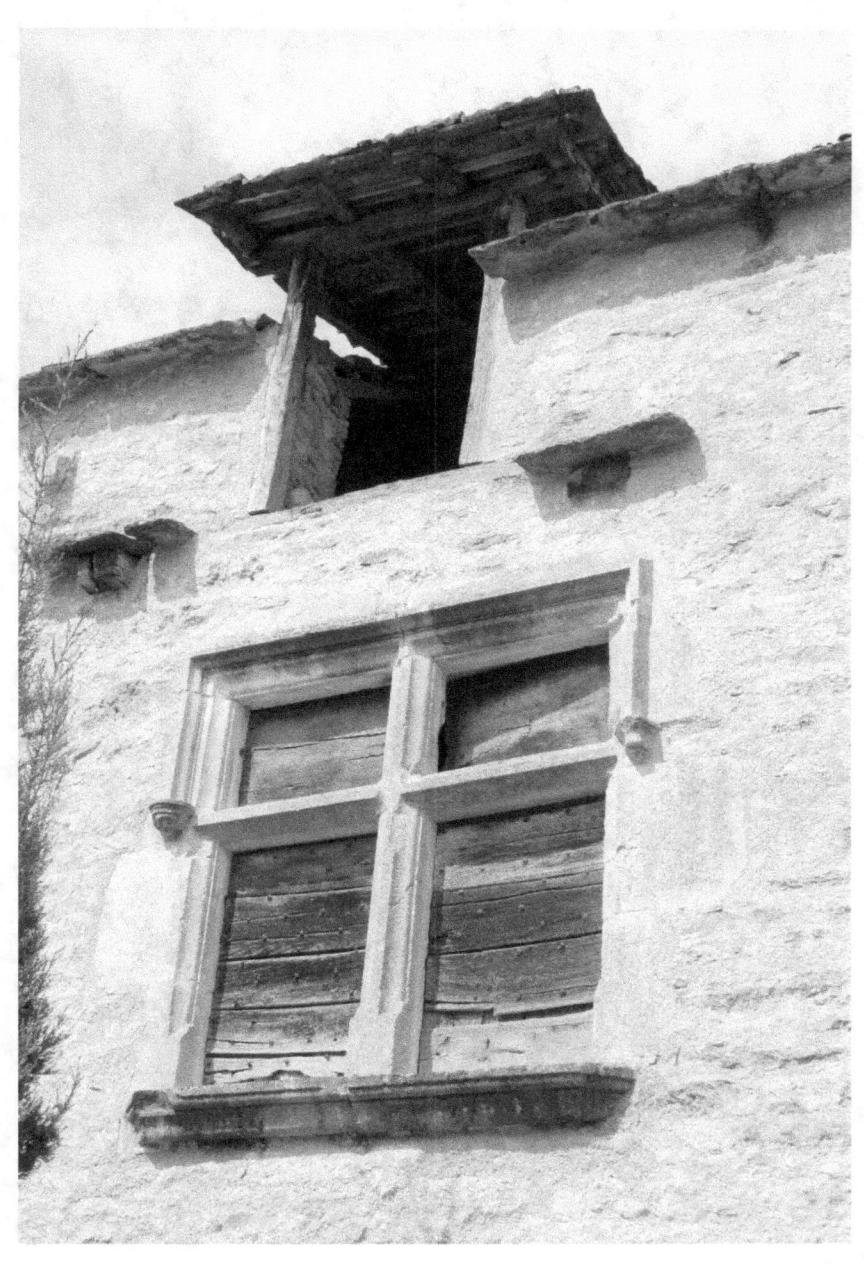

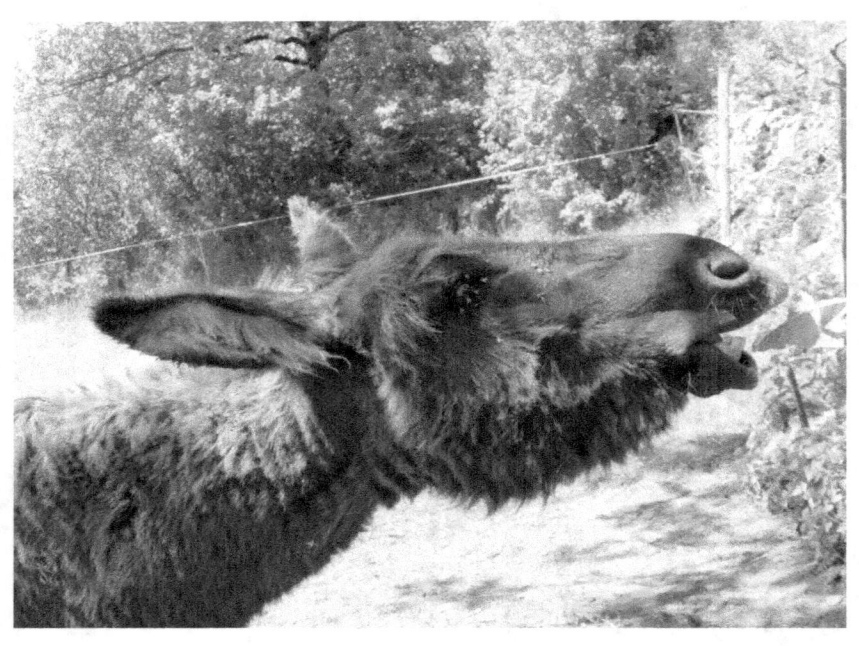

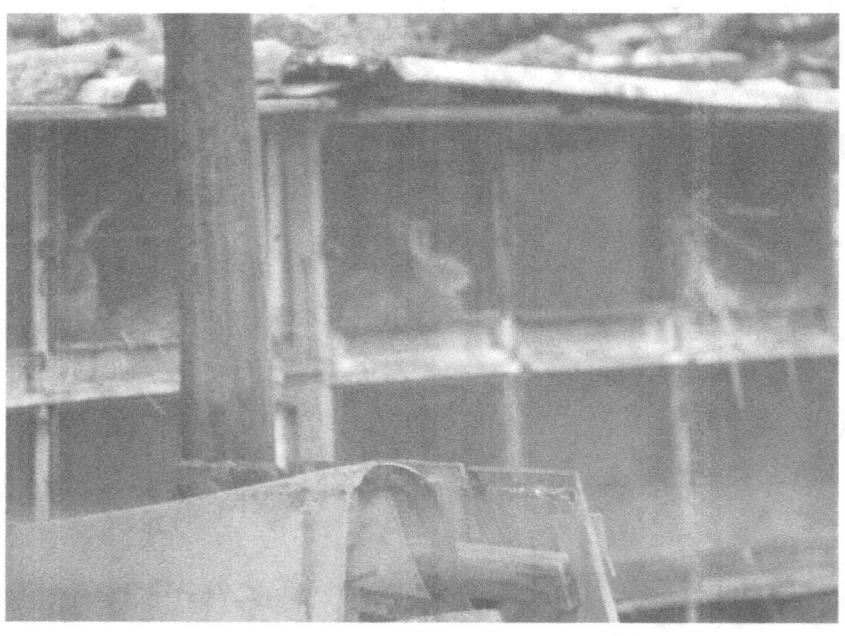

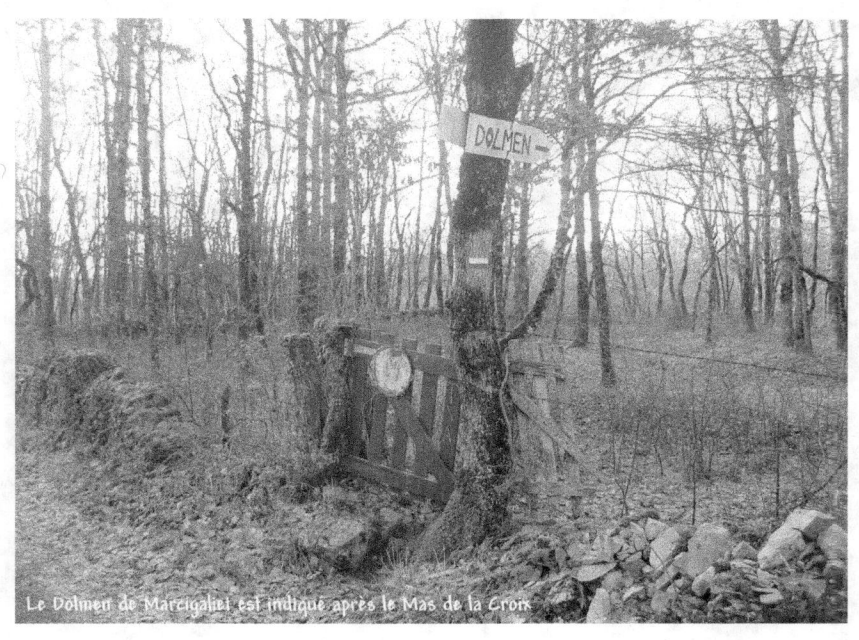
Le Dolmen de Marcigaliet est indiqué après le Mas de la Croix.

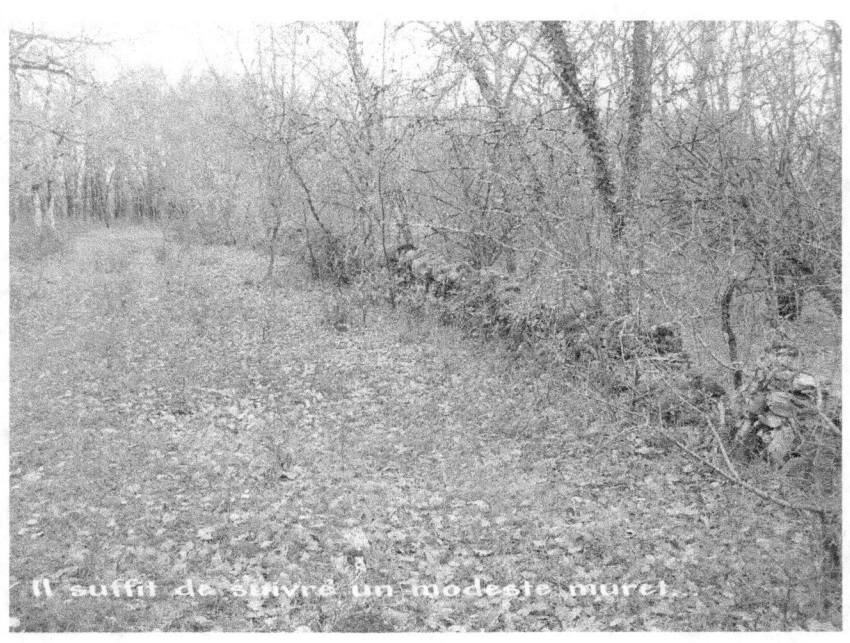
Il suffit de suivre un modeste muret.

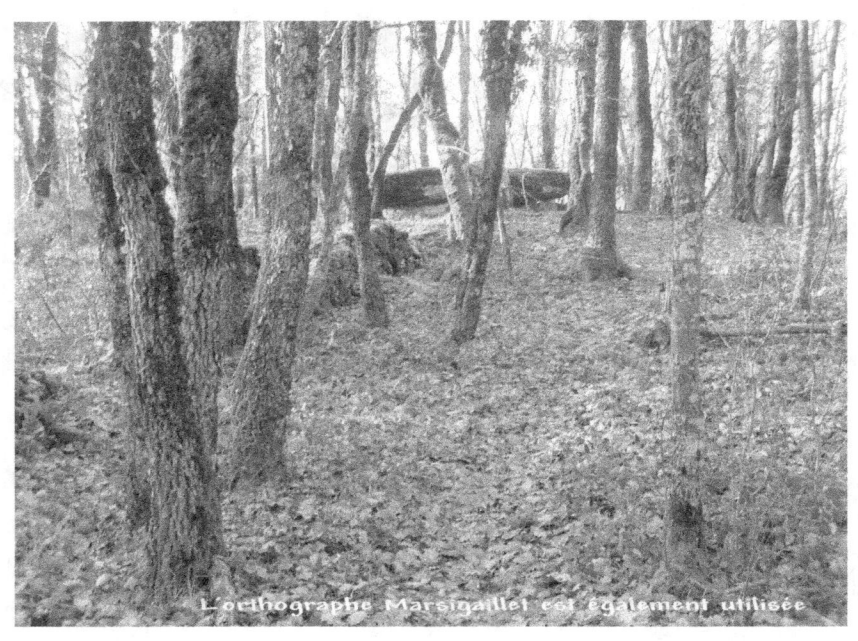

L'orthographe Marsigaillet est également utilisée

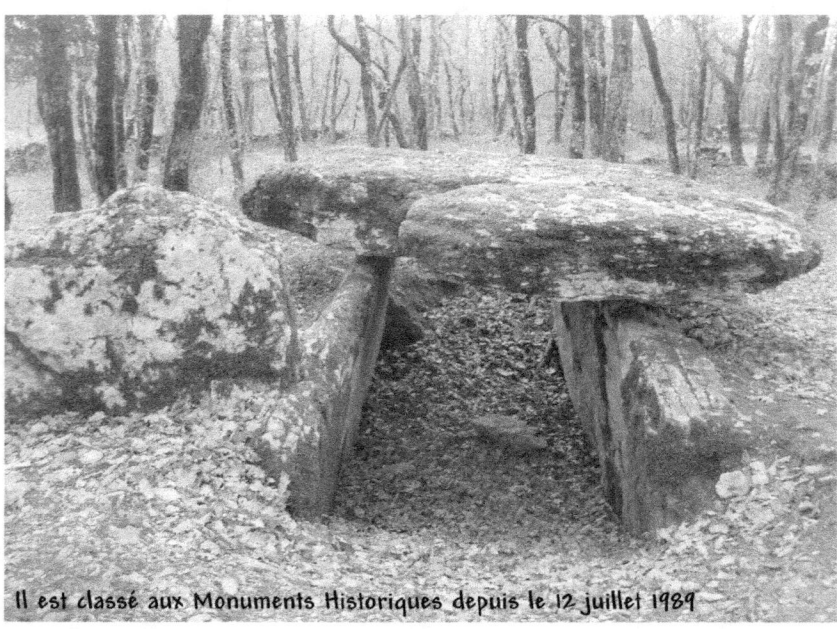

Il est classé aux Monuments Historiques depuis le 12 juillet 1989

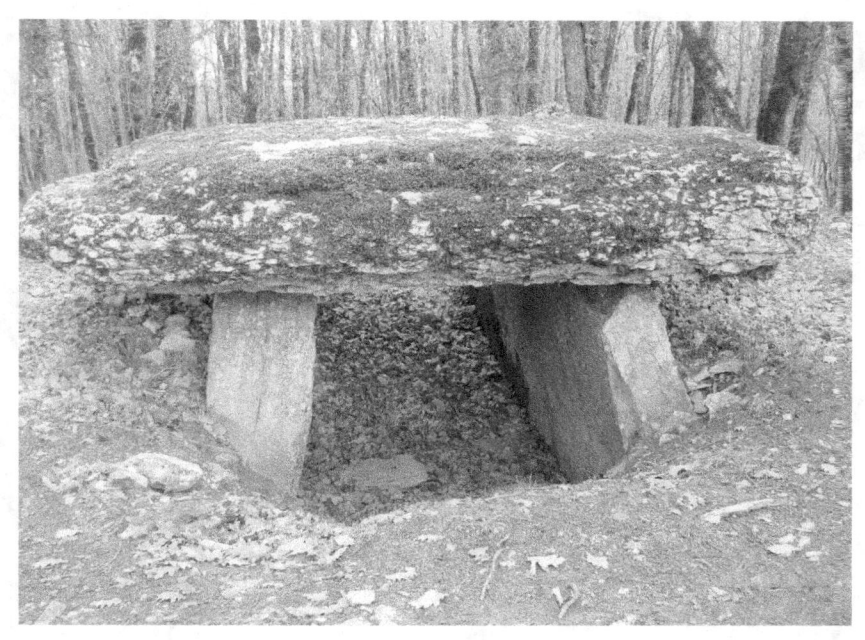

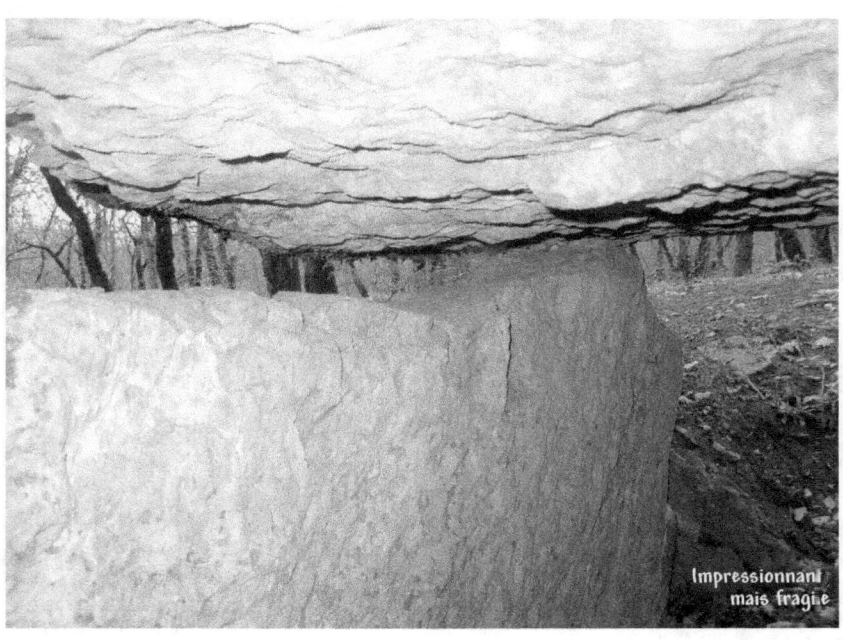

Impressionnant mais fragile

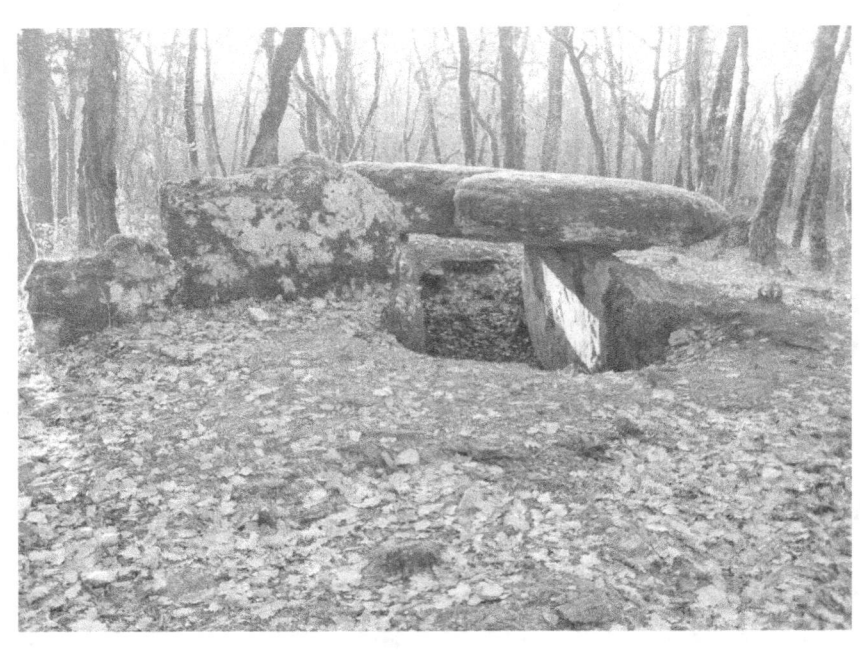

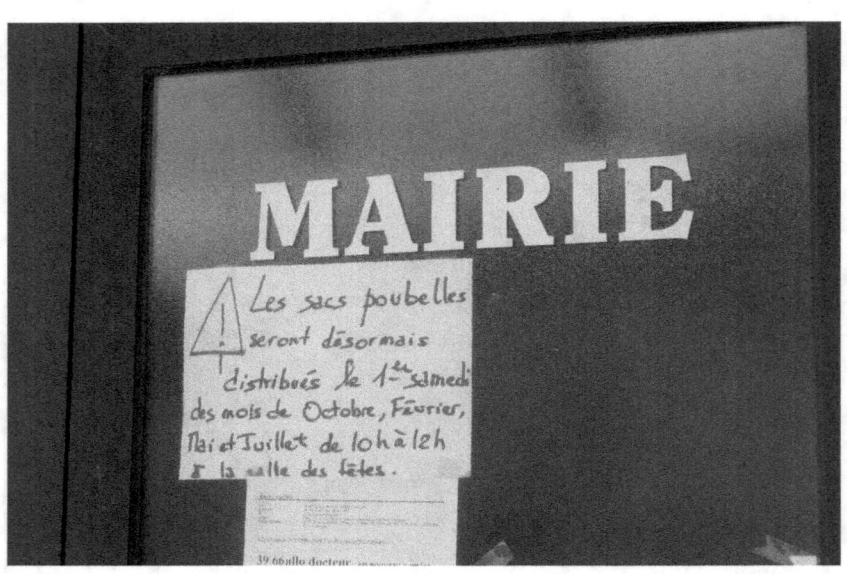

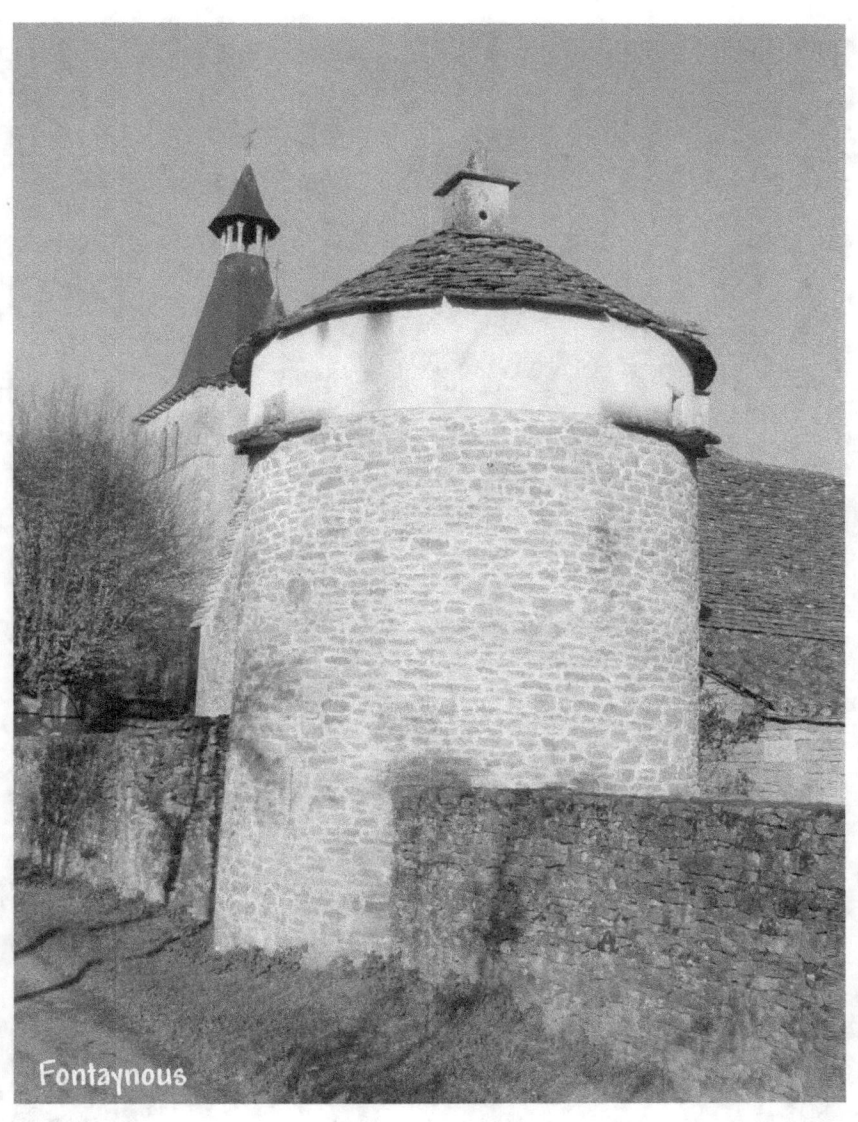

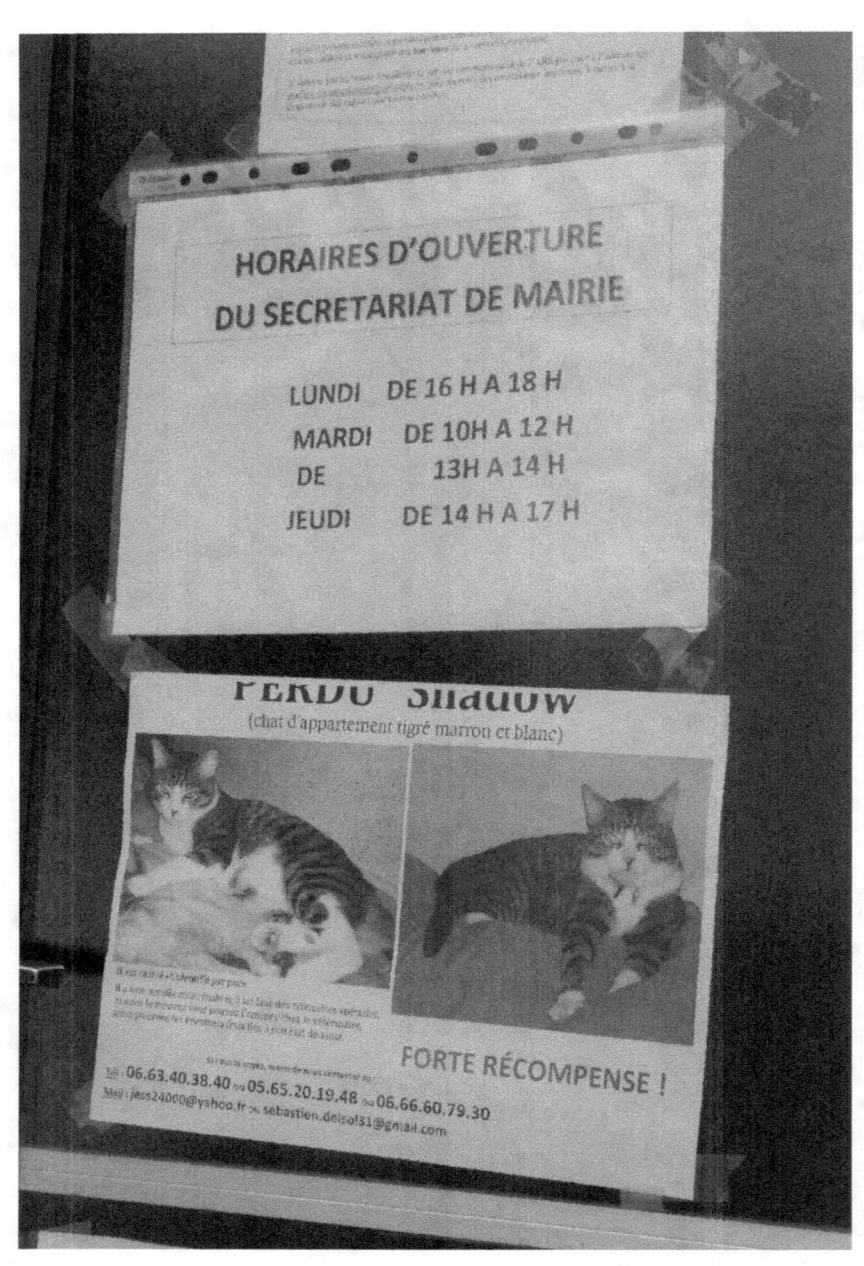

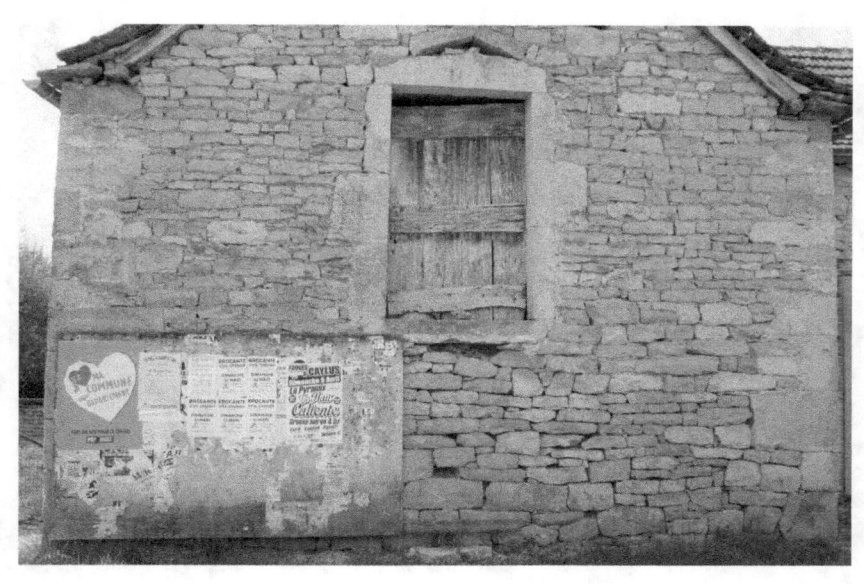

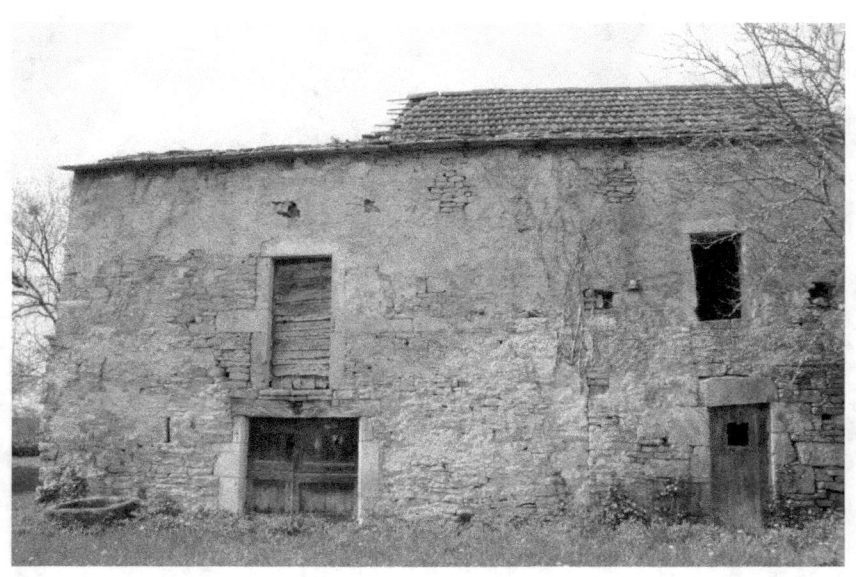

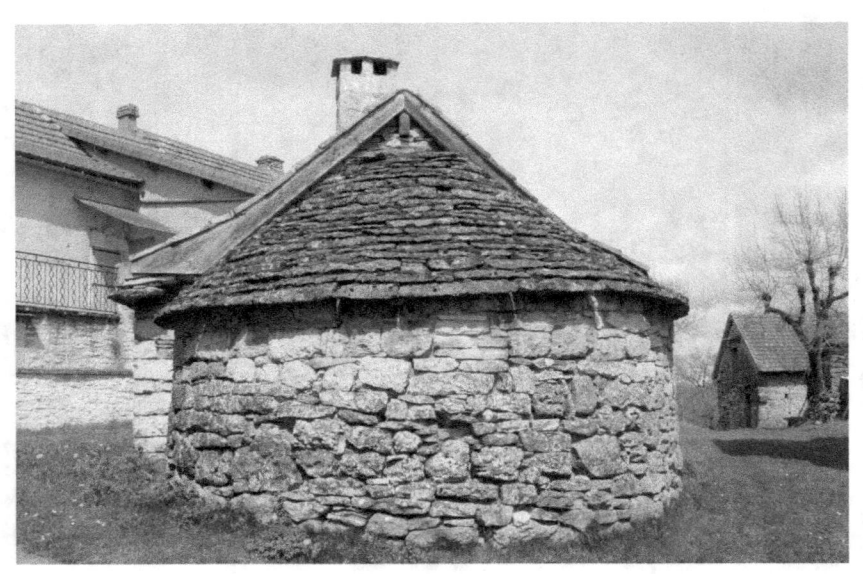

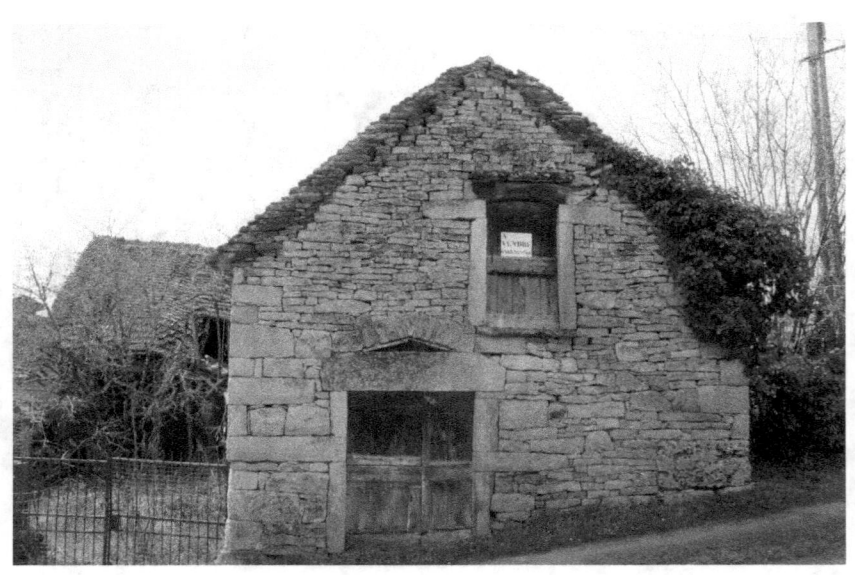

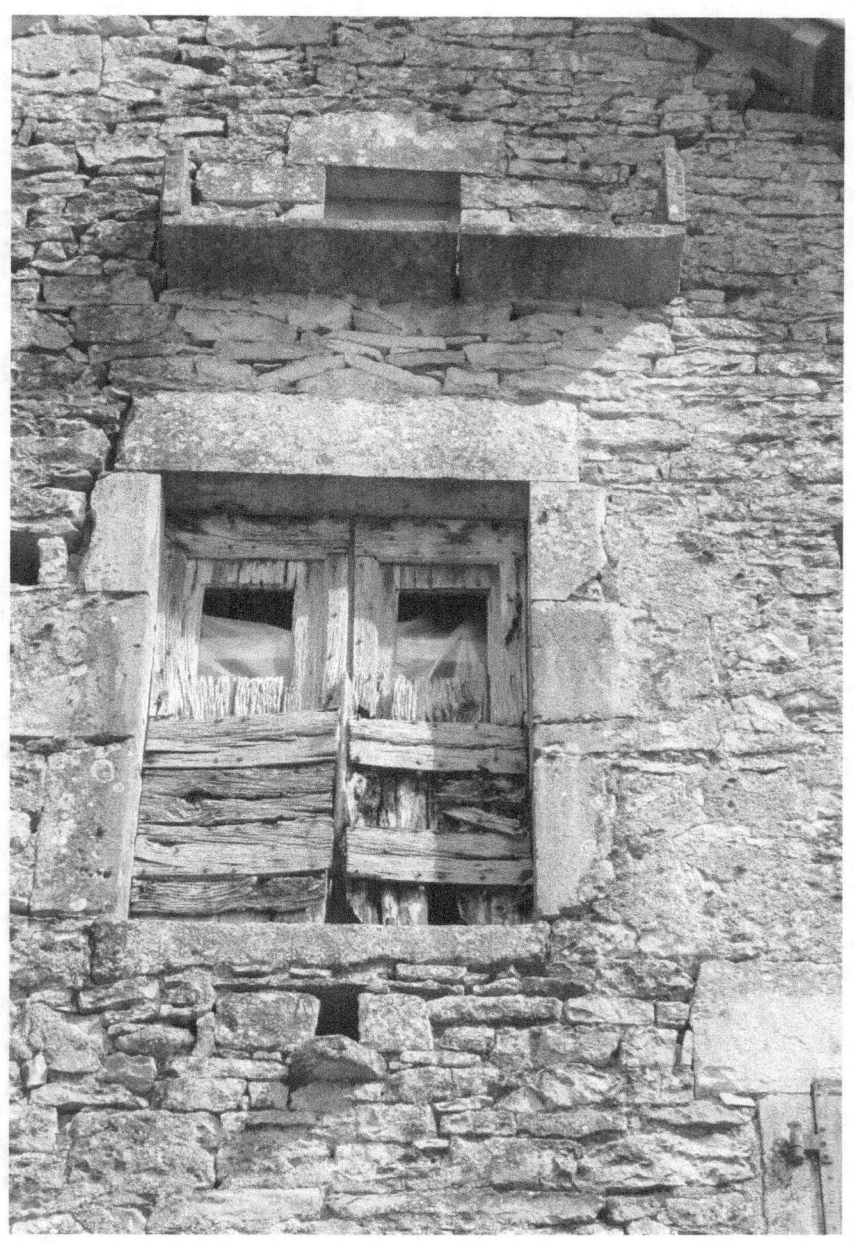

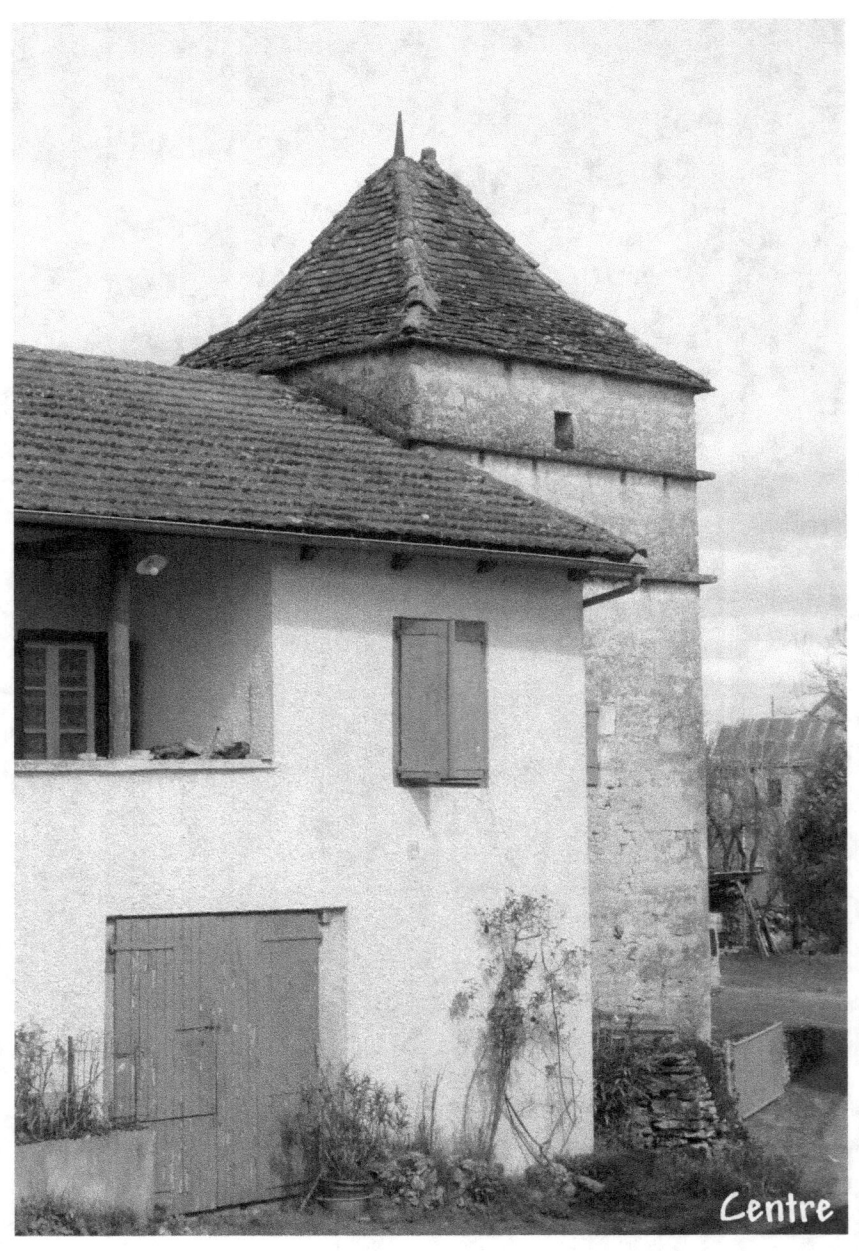

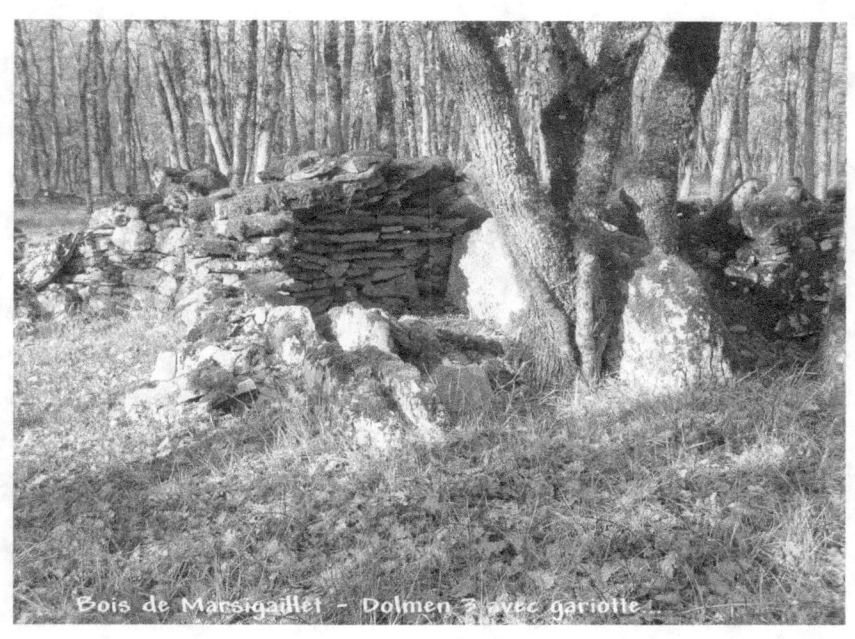
Bois de Marsigaillet - Dolmen 3 avec gariotte

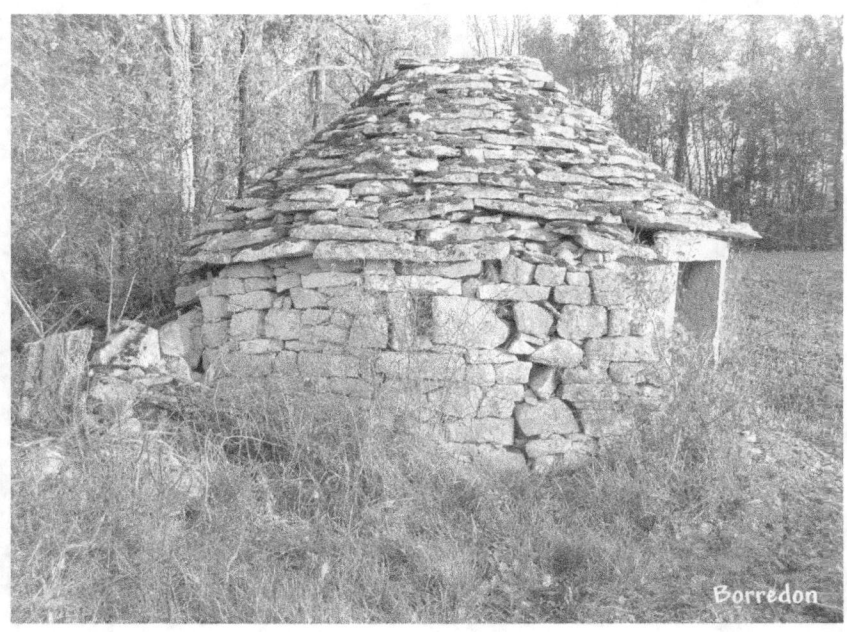
Borredon

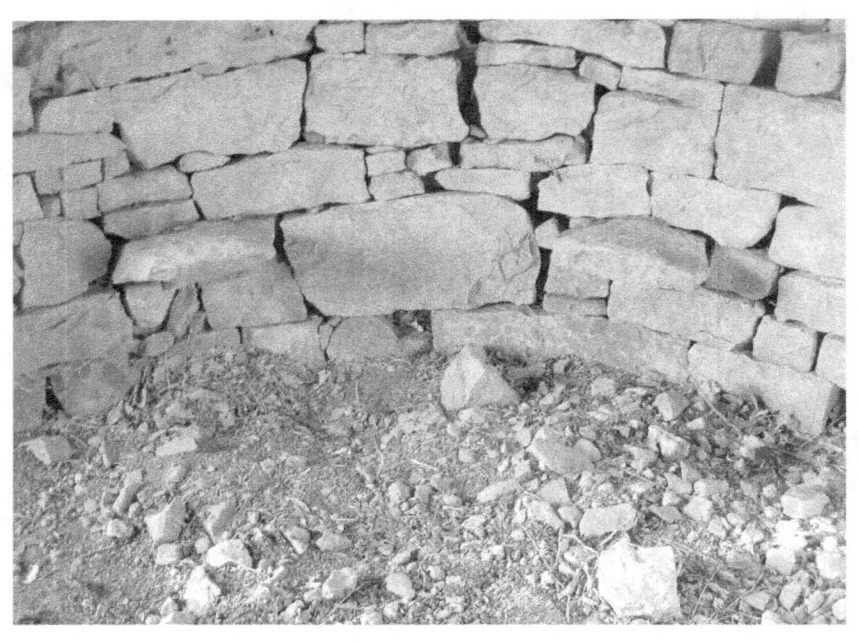
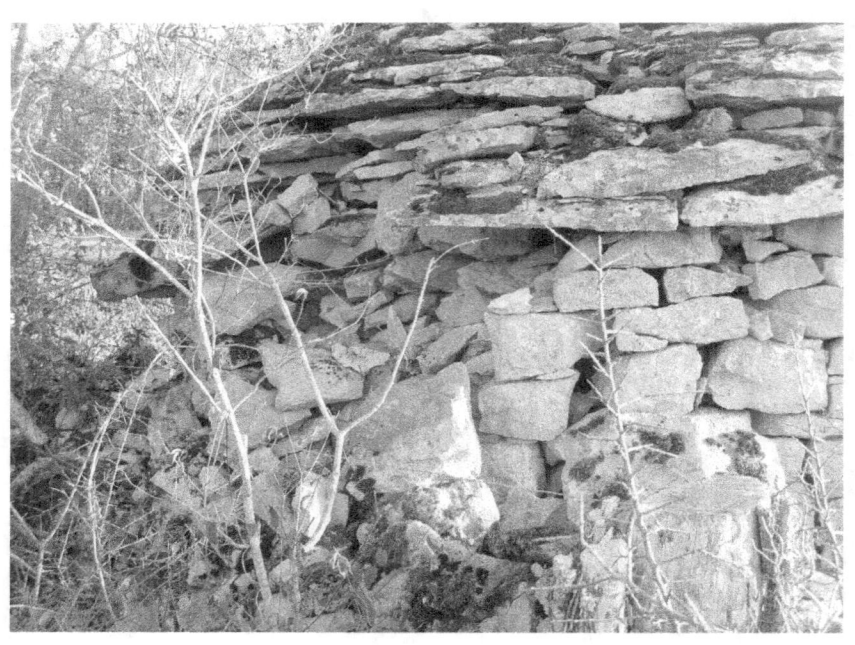

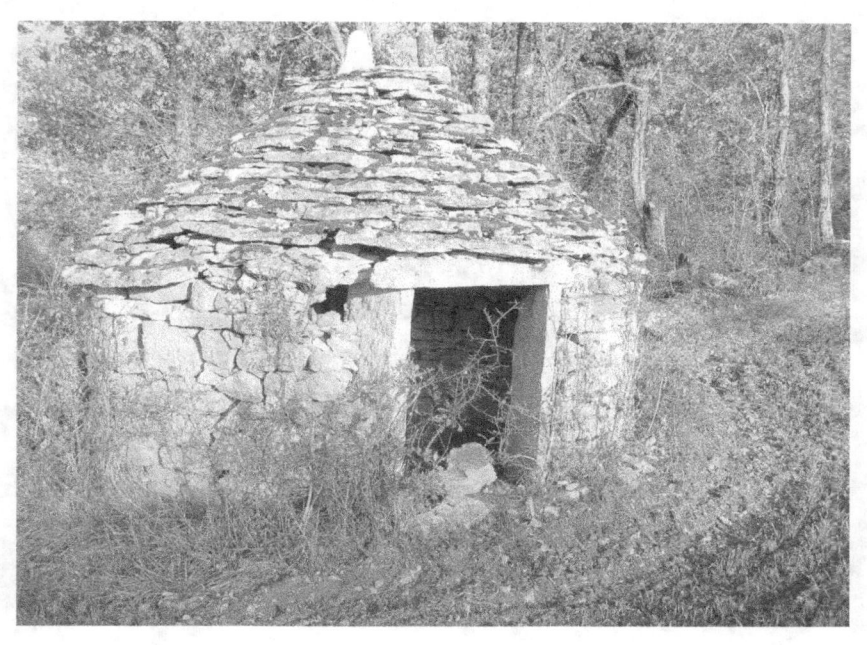

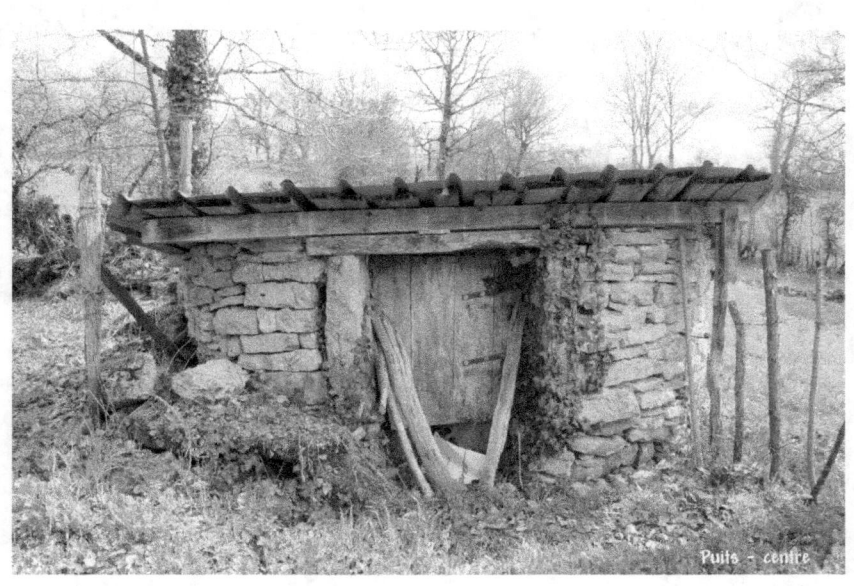

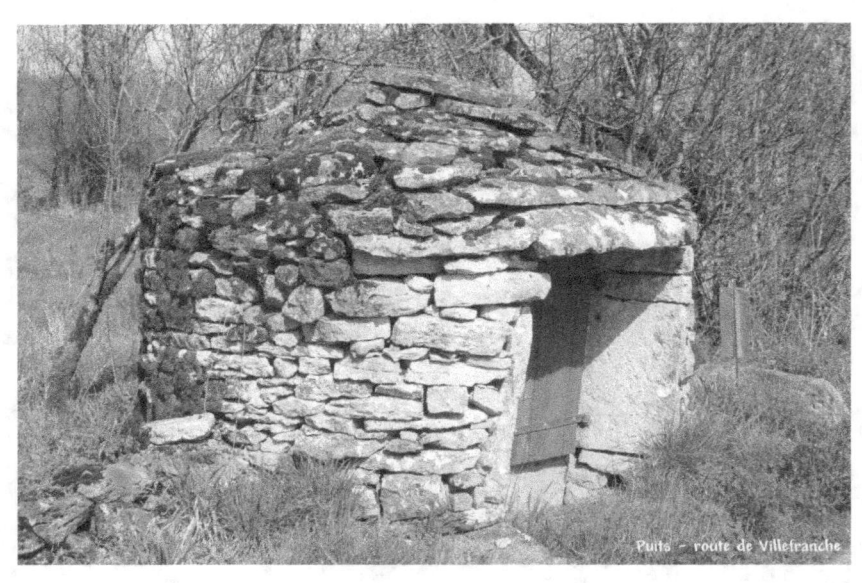

Puits - route de Villefranche

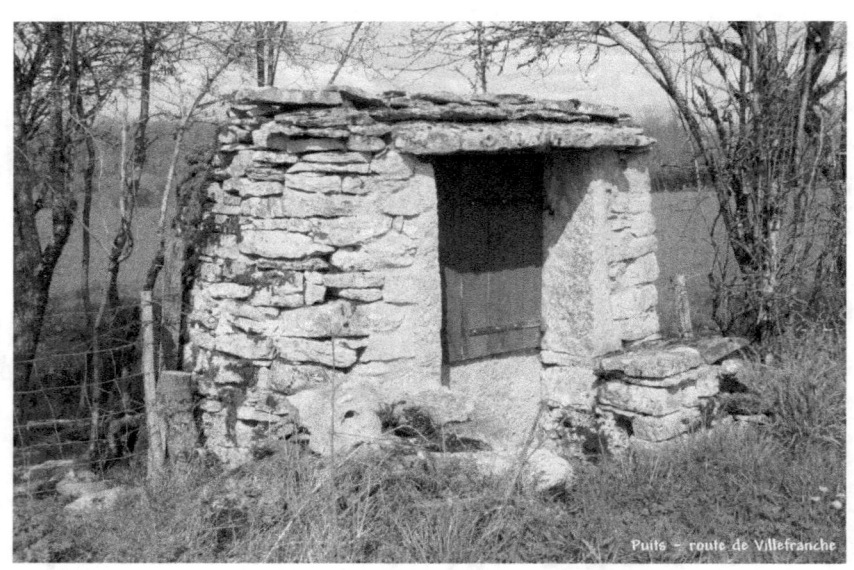

Puits - route de Villefranche

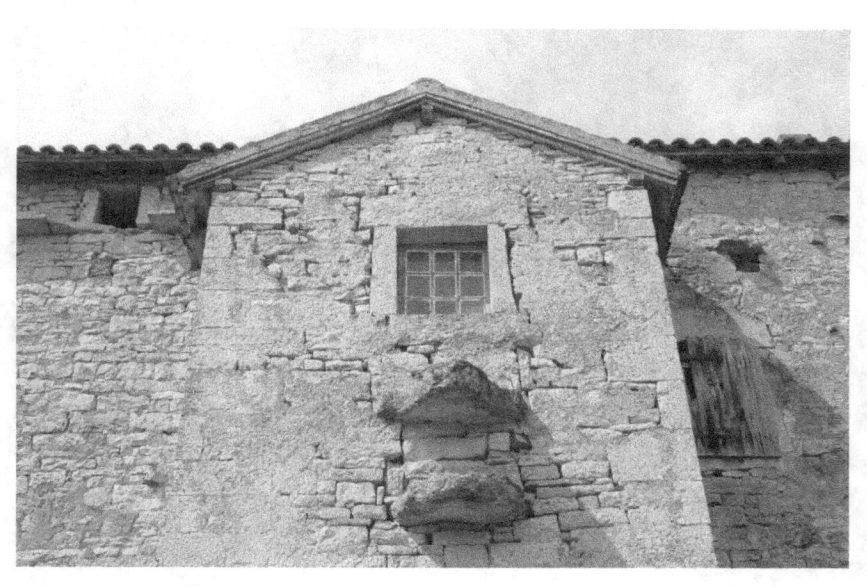

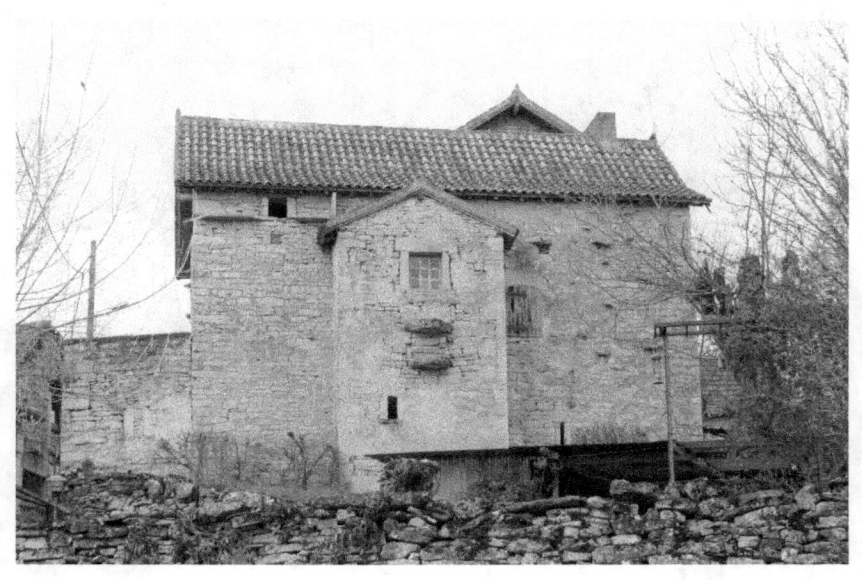

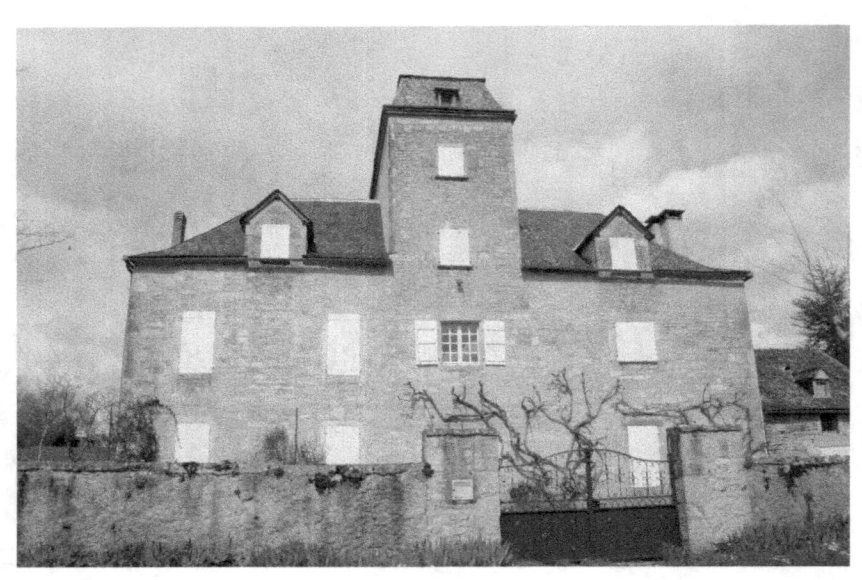

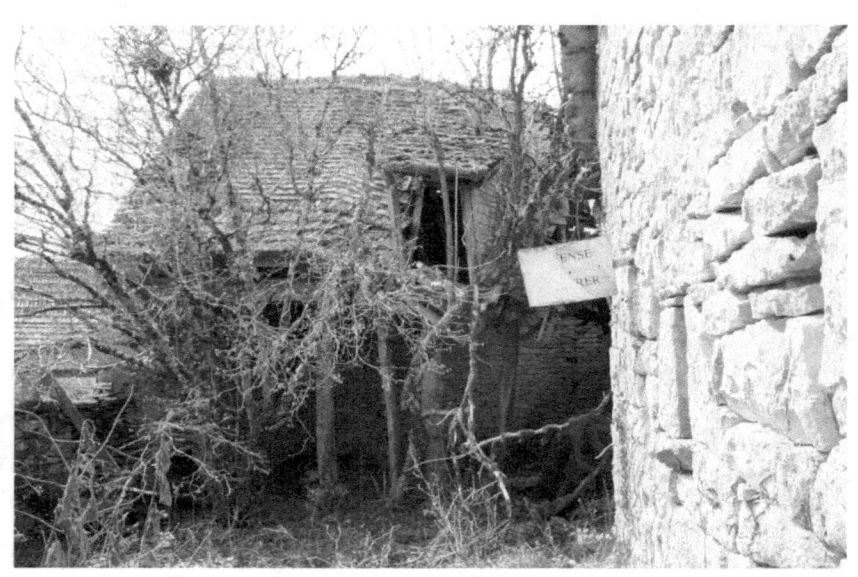

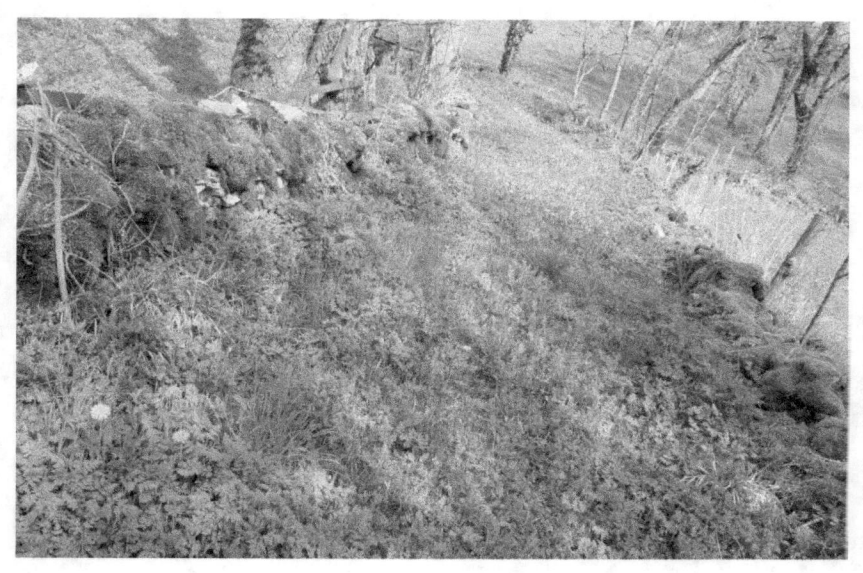

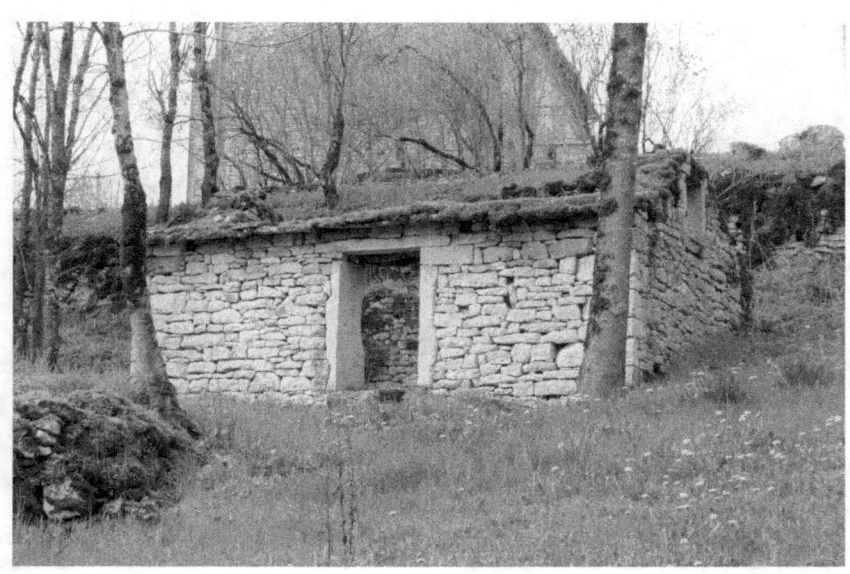

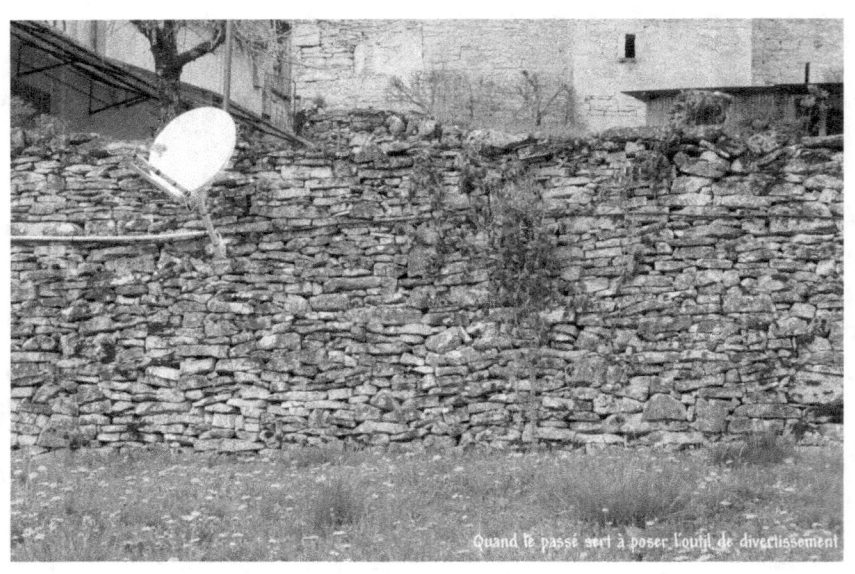

Quand le passé sert à poser l'outil de divertissement

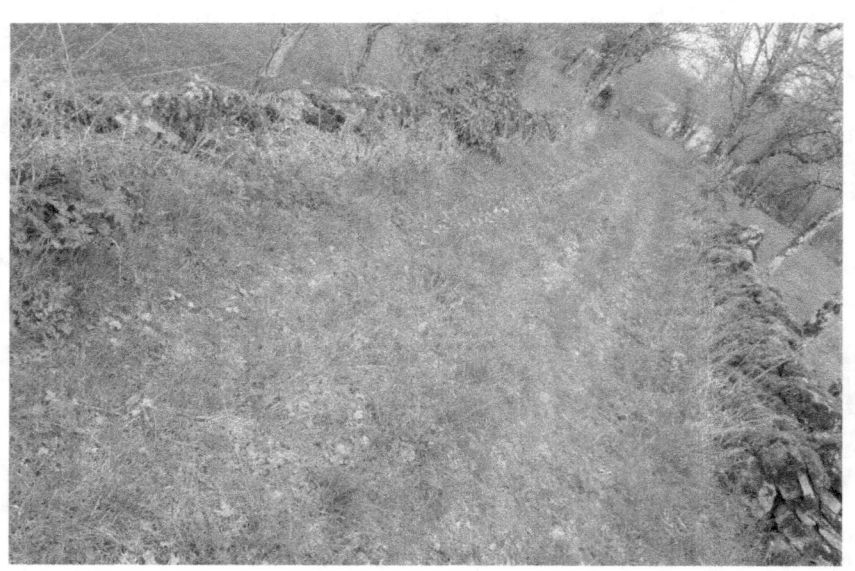

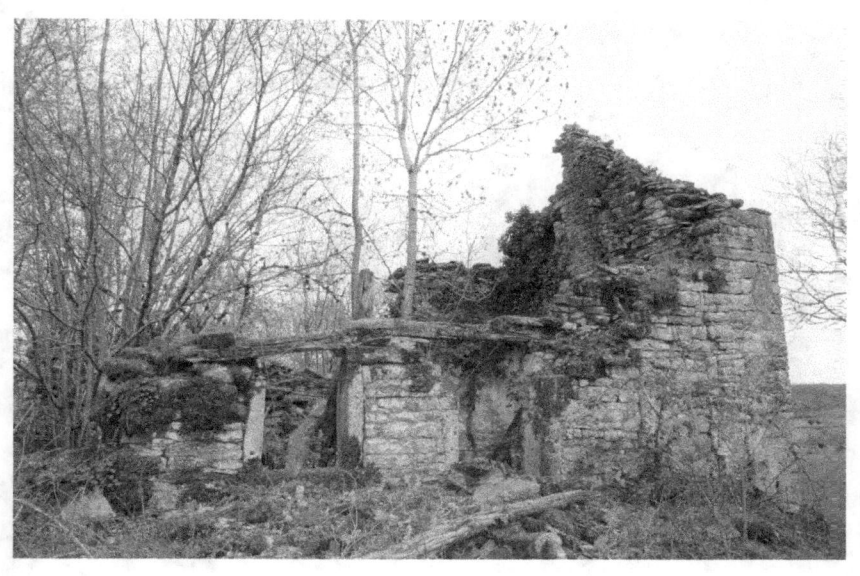

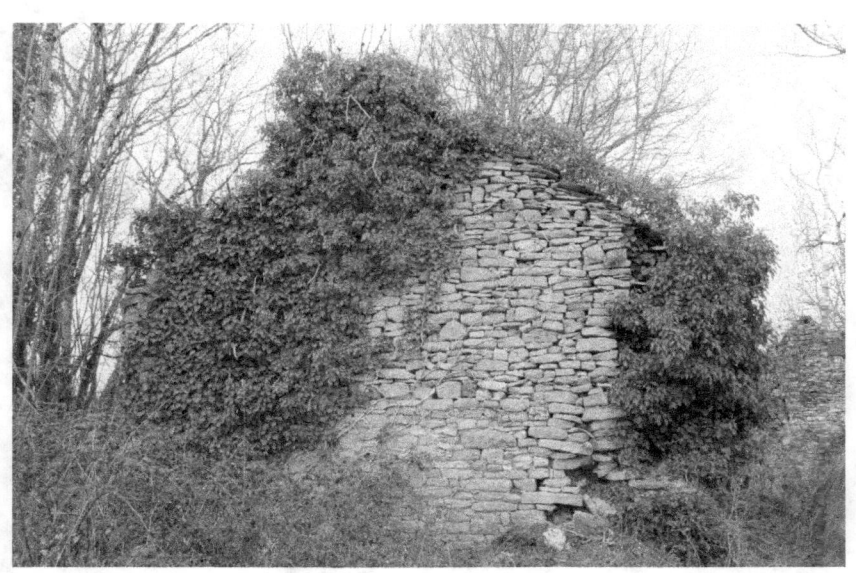

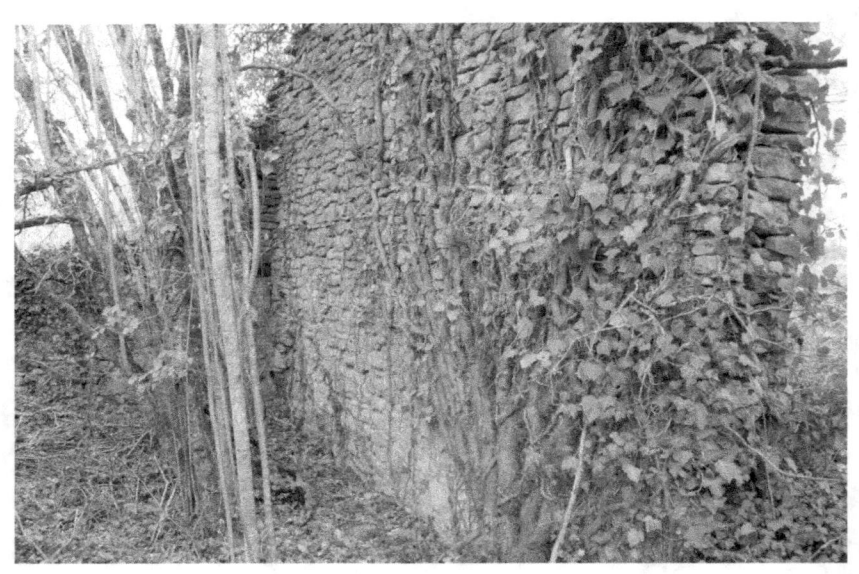

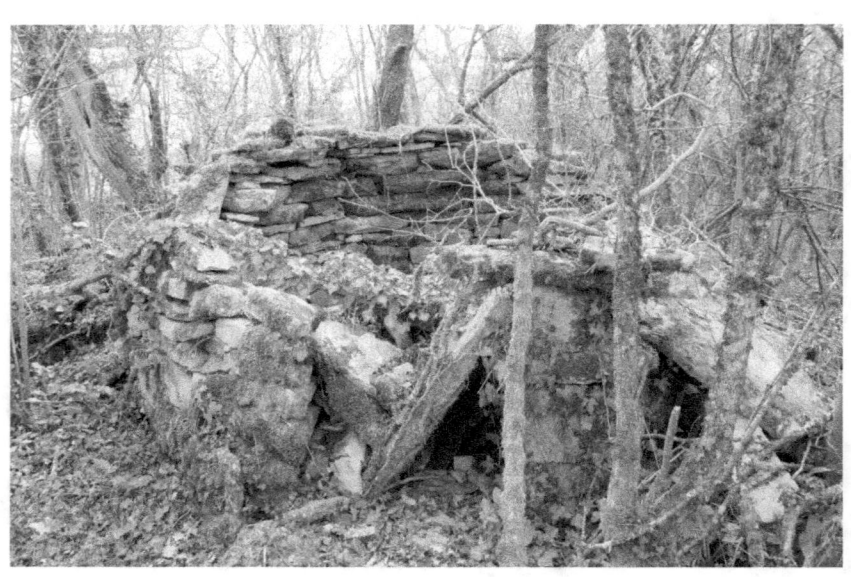

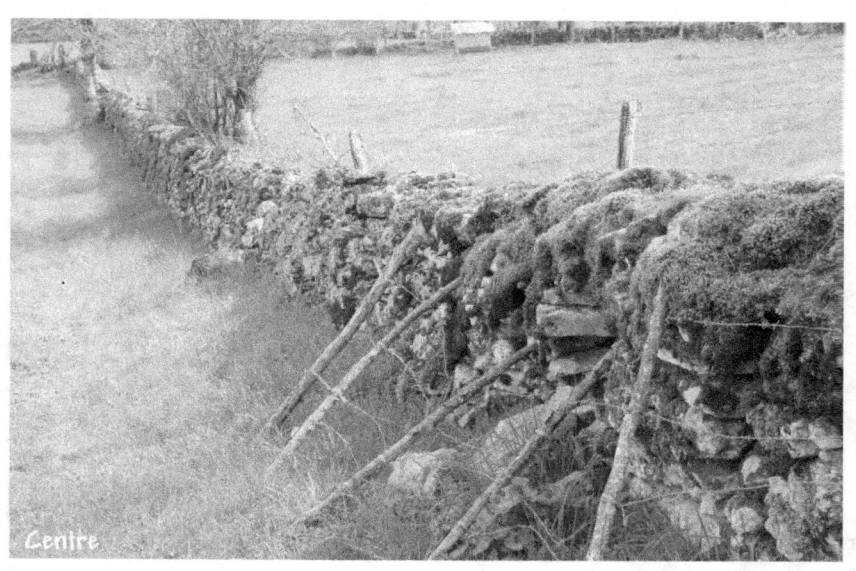

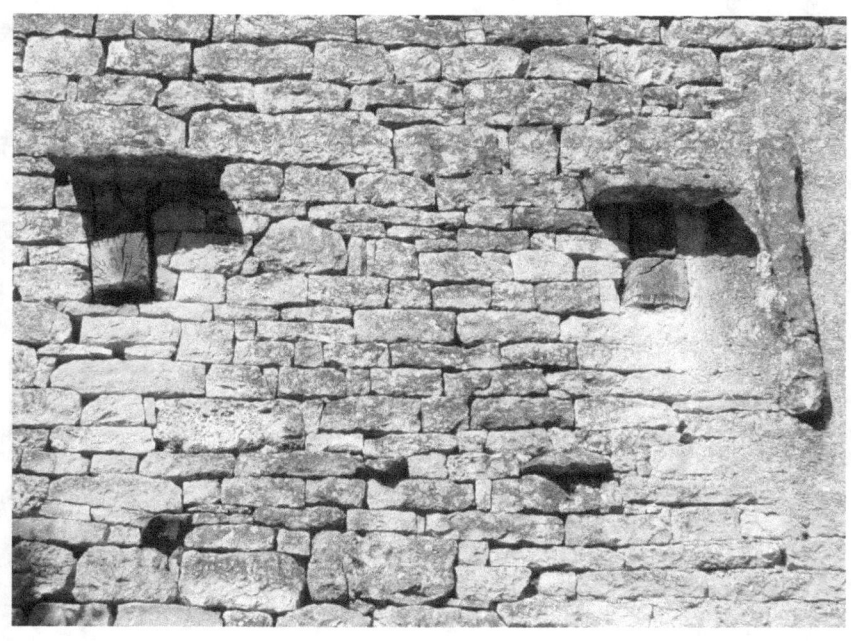

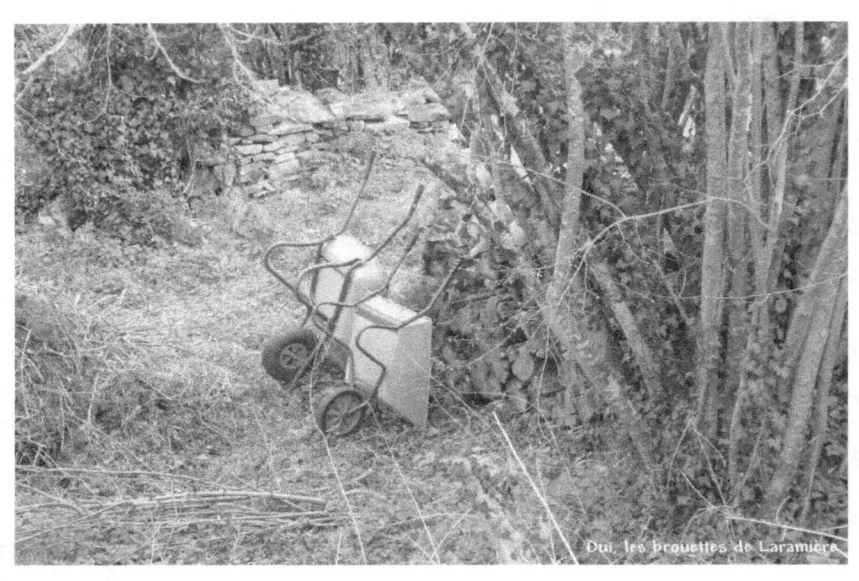

Oui, les brouettes de Laramière

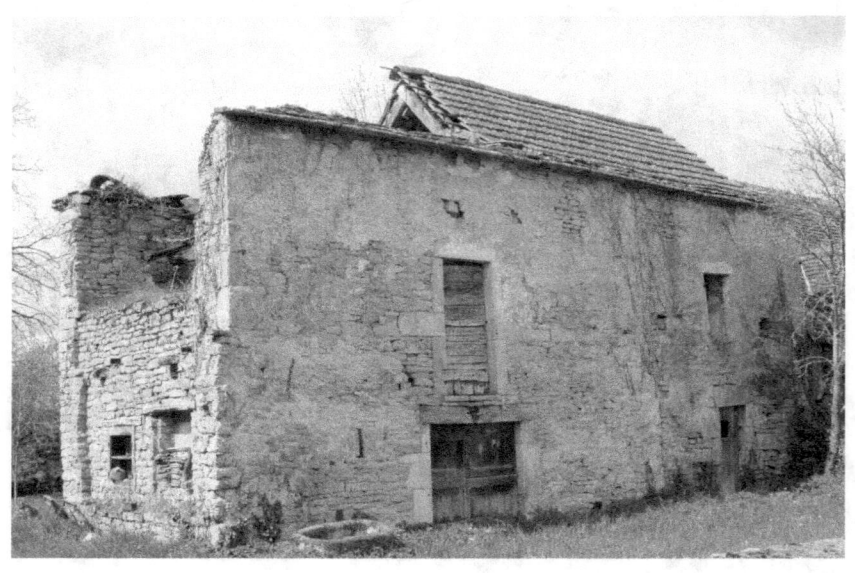

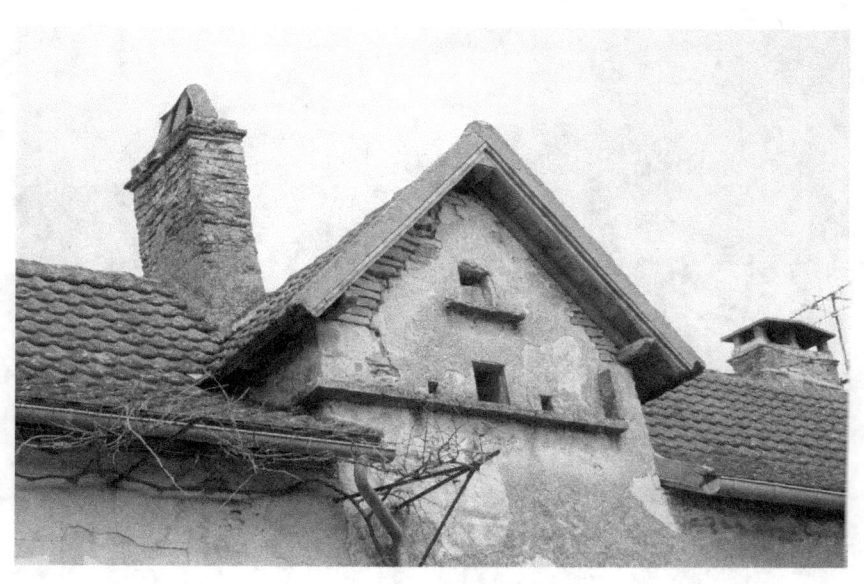

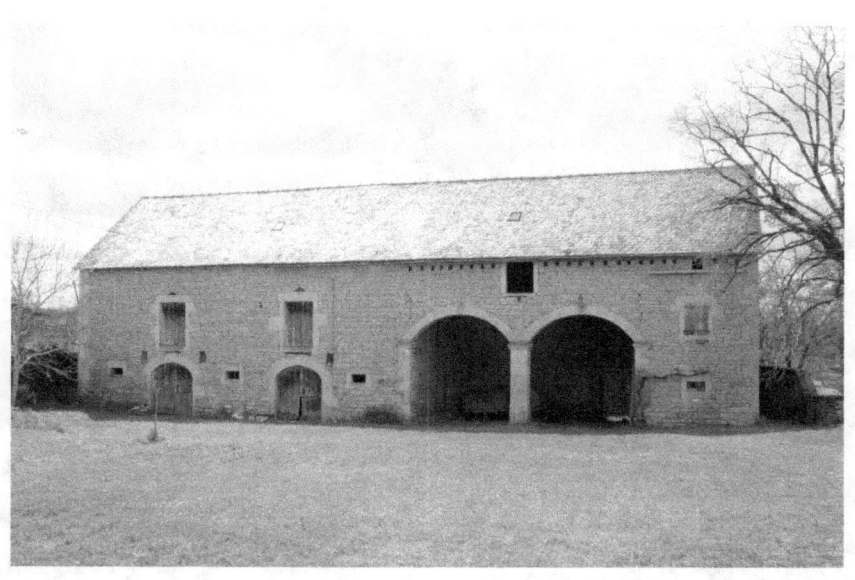

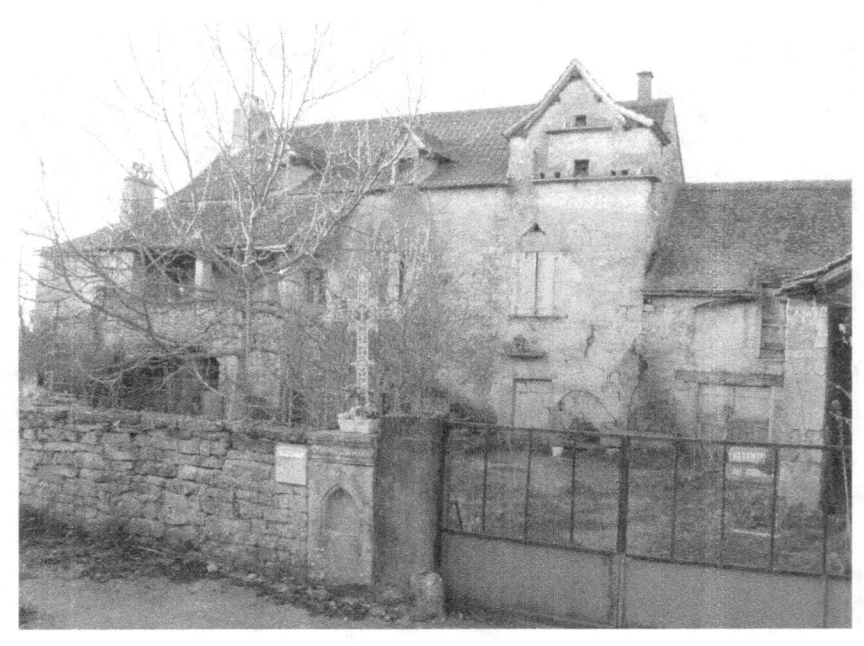

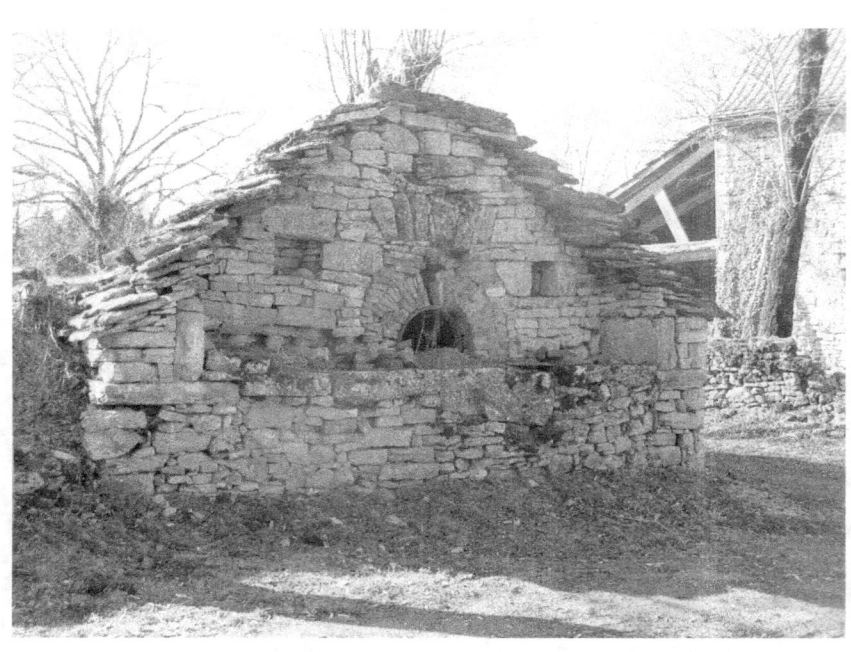

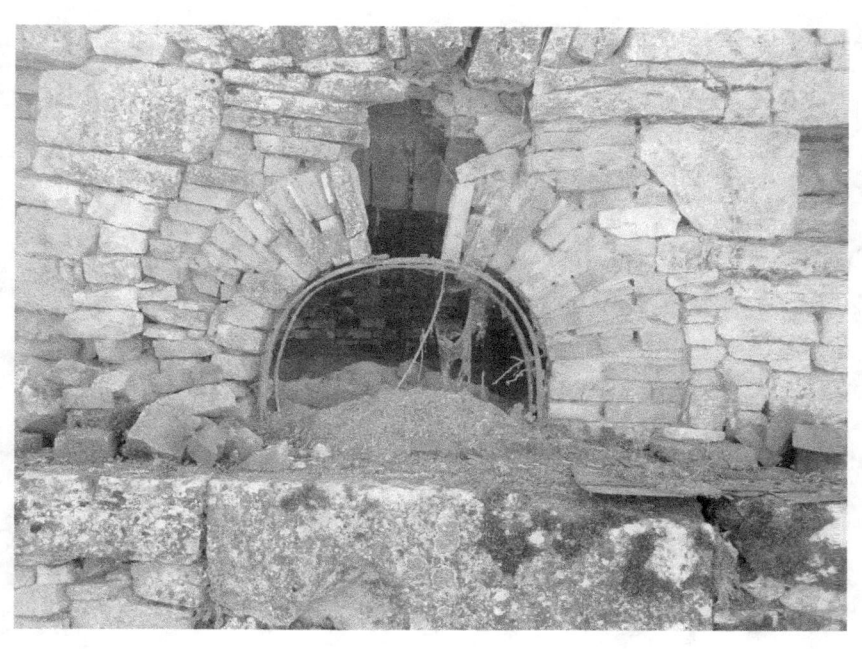

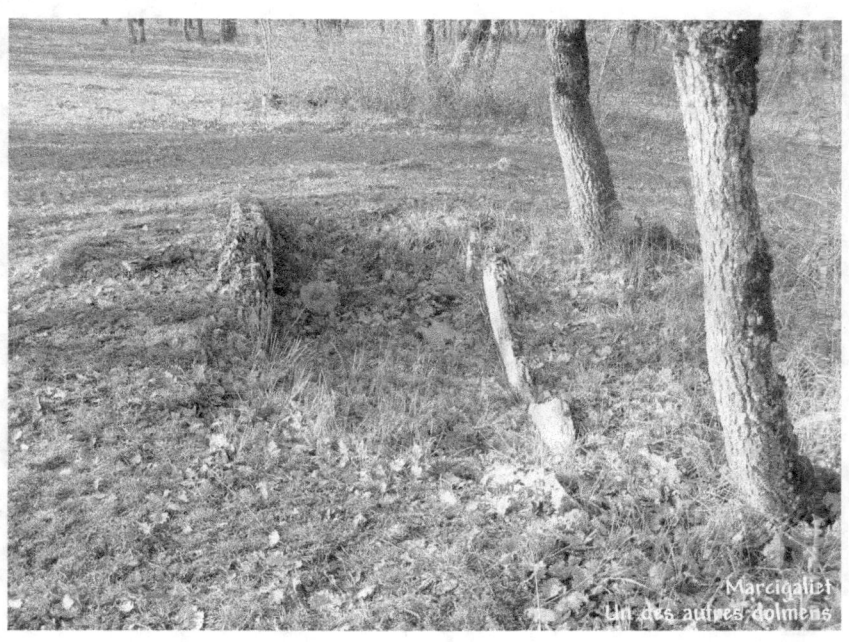
Marcigaliet
Un des autres dolmens

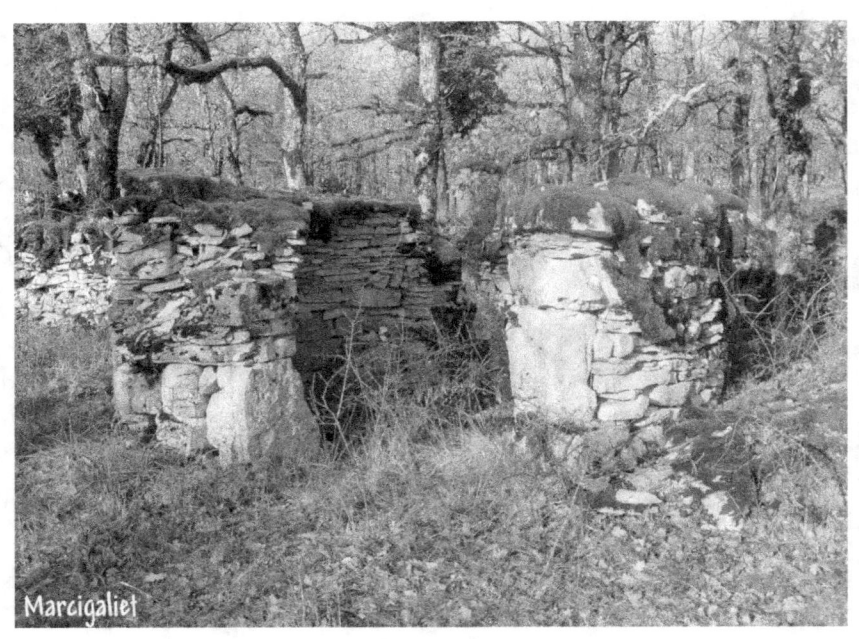

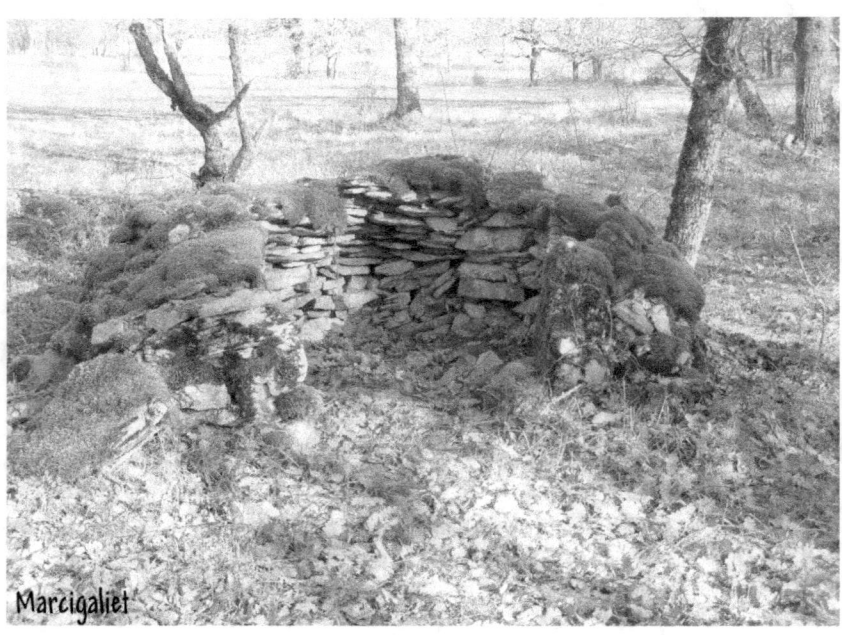

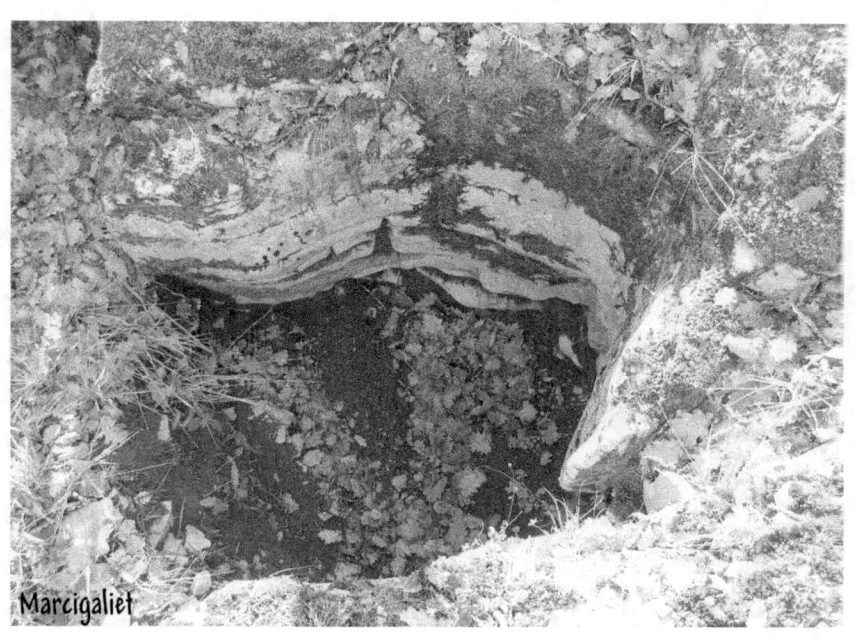

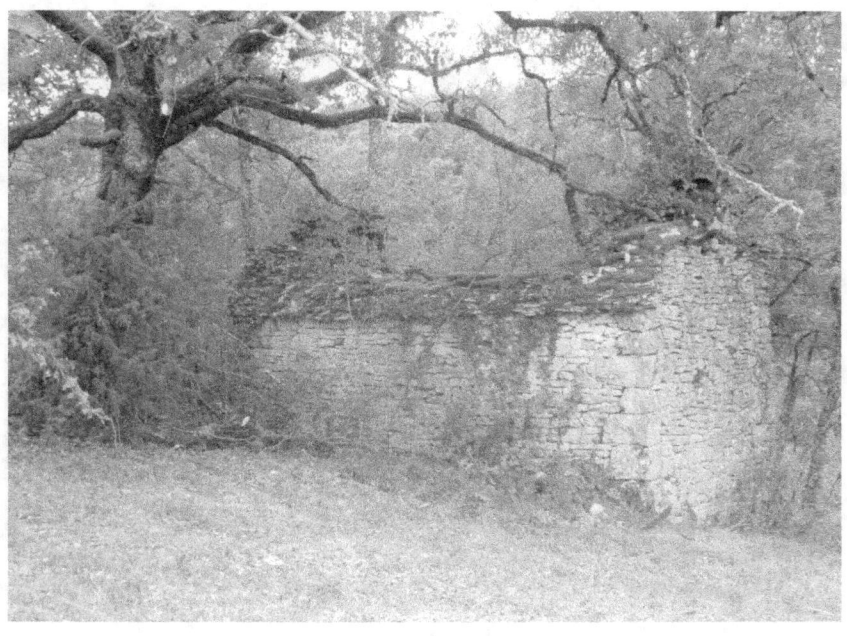

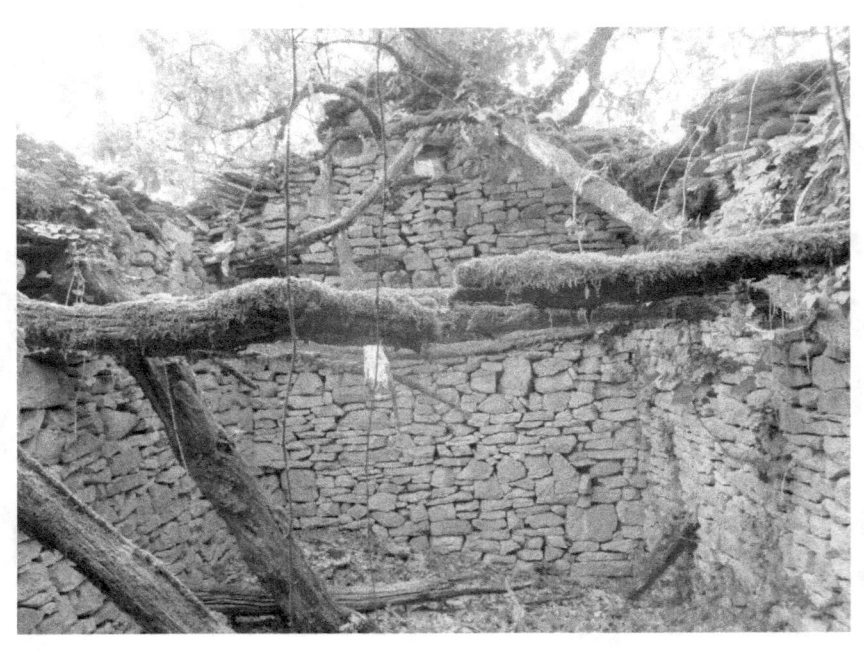

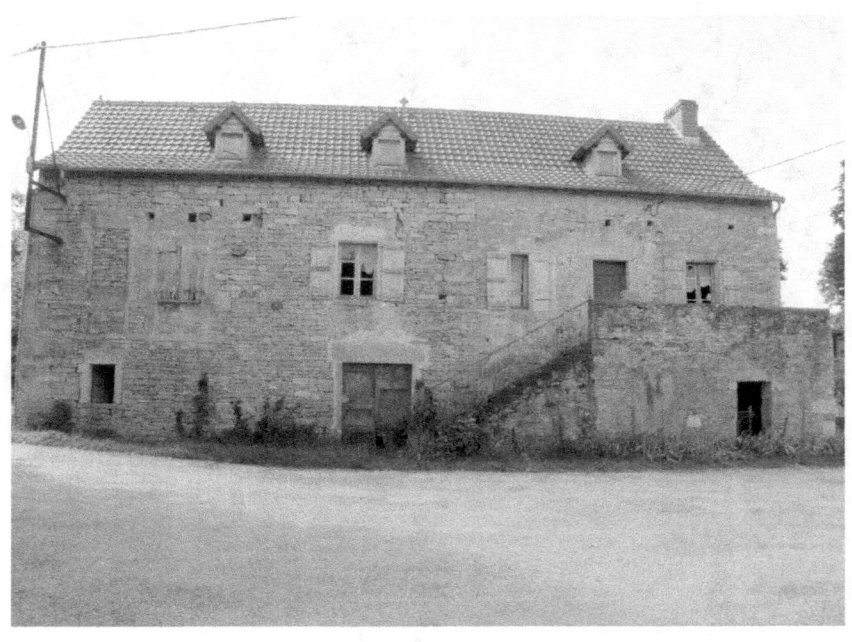

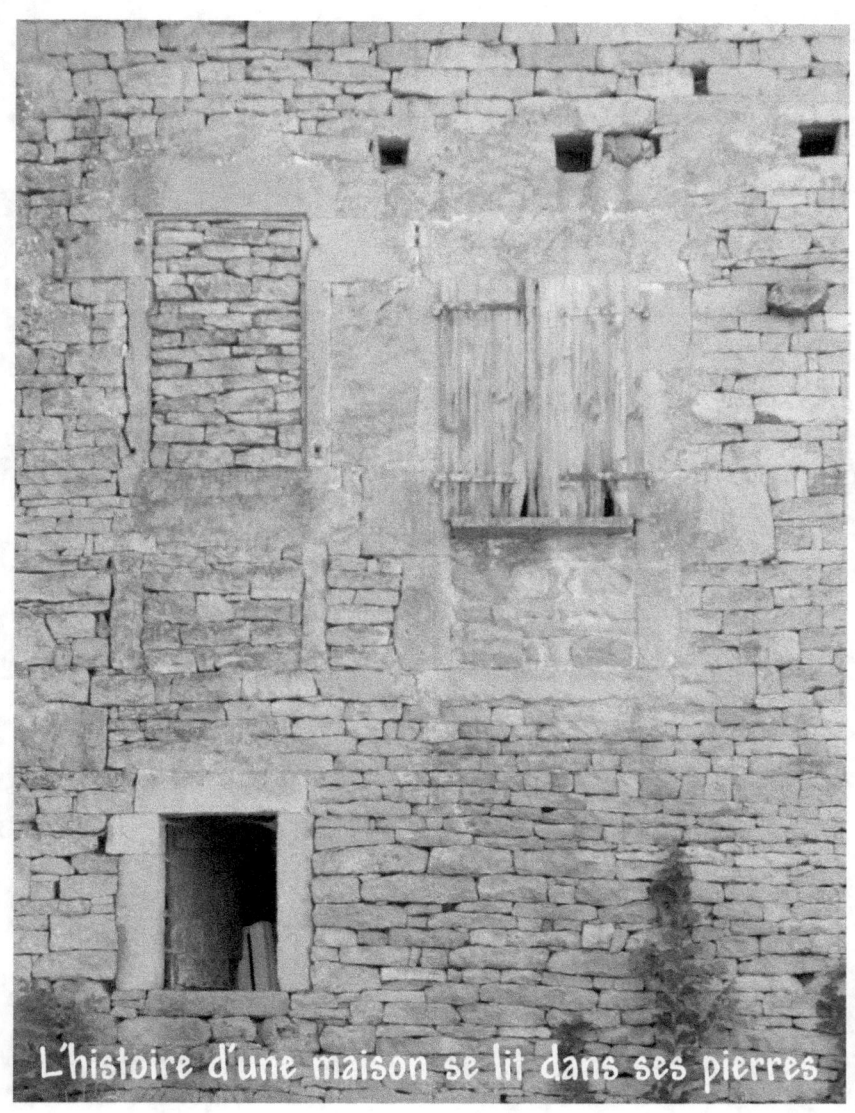

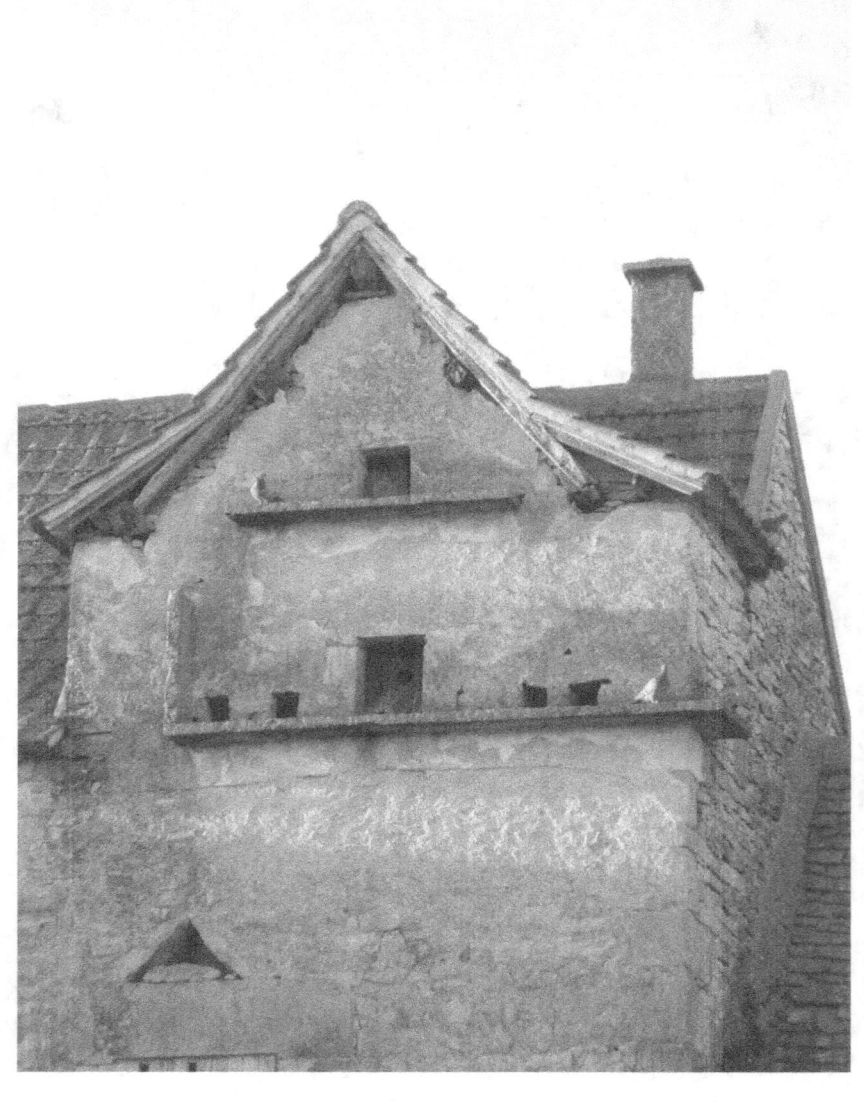

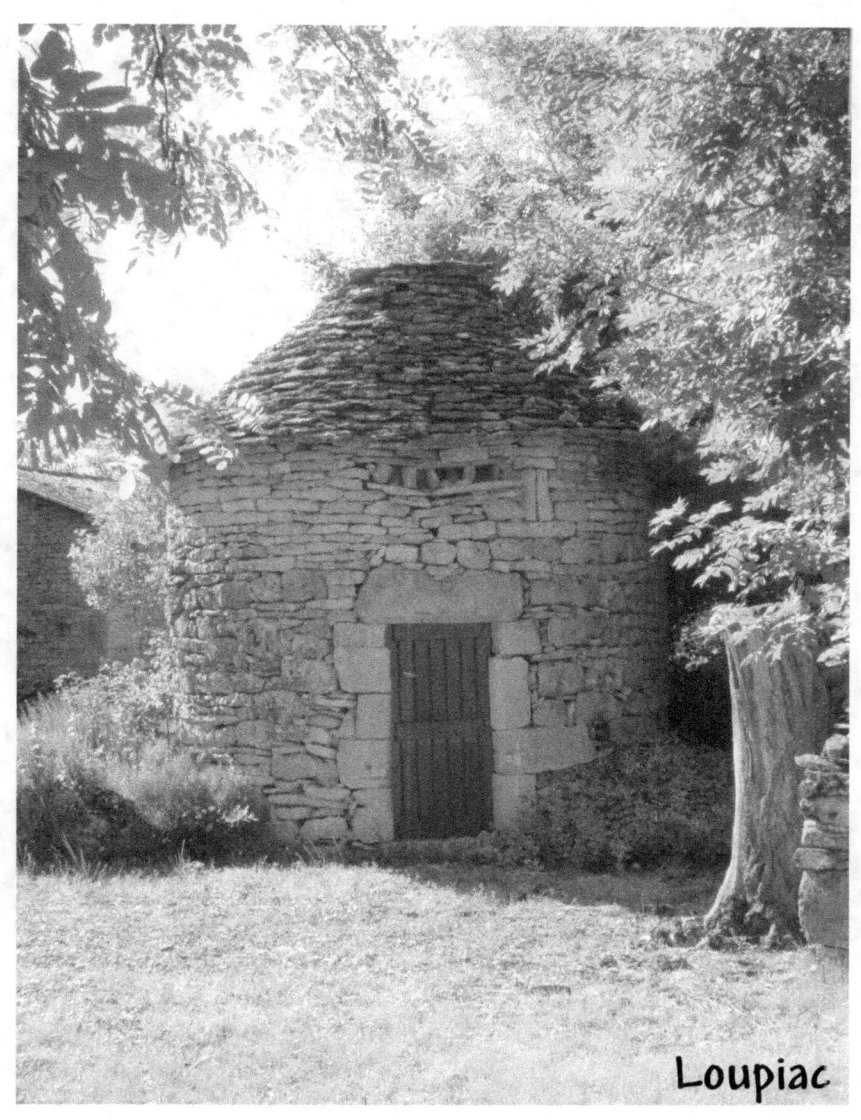

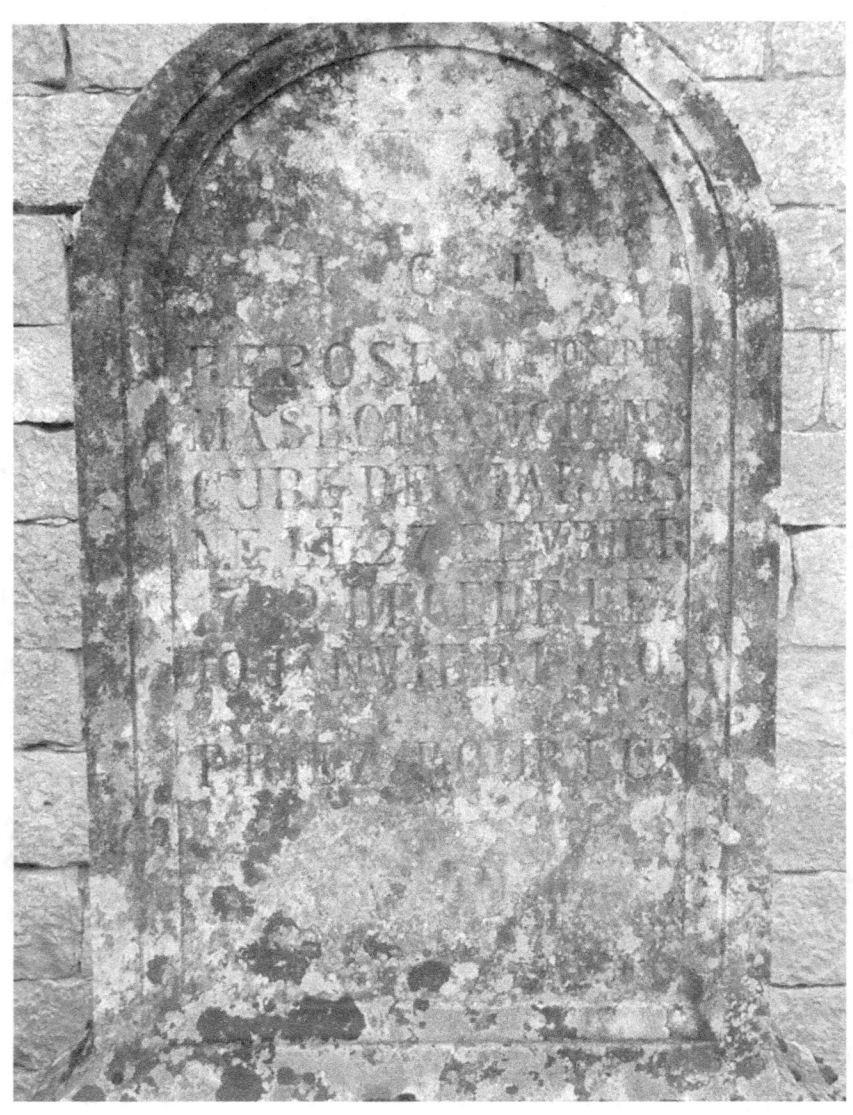

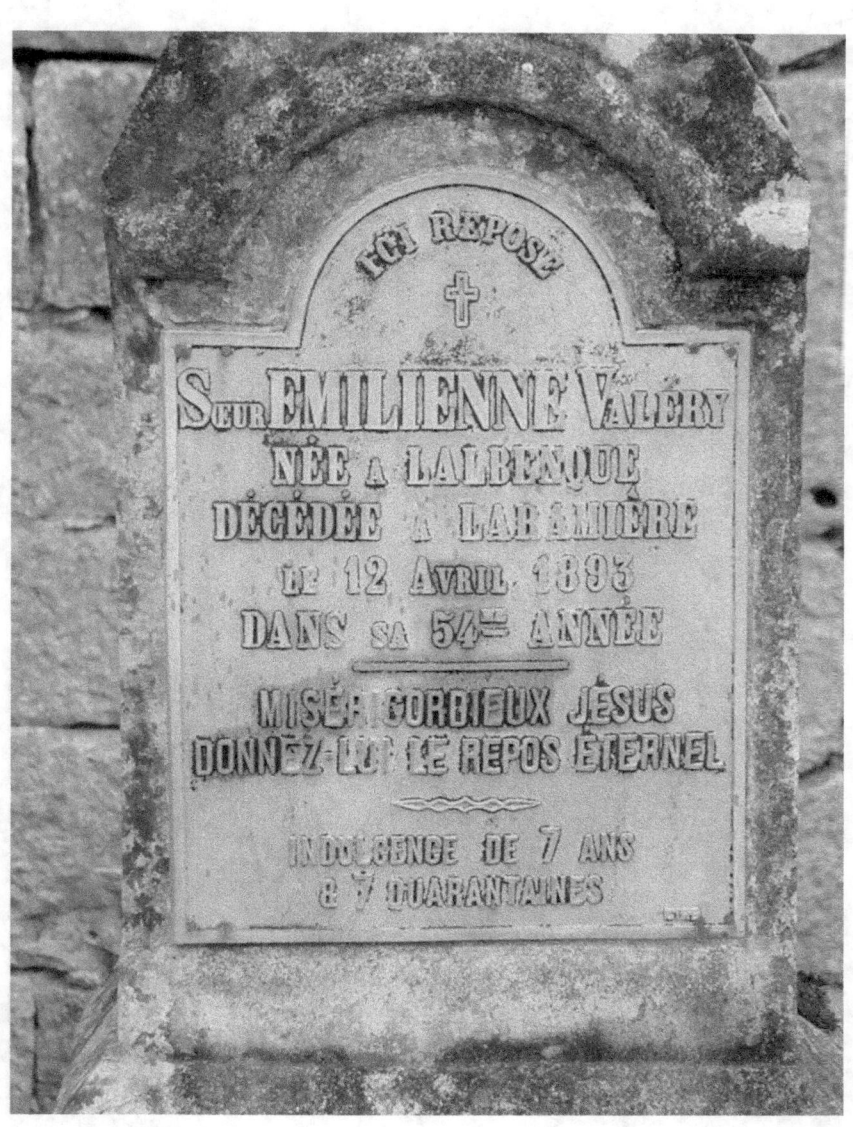

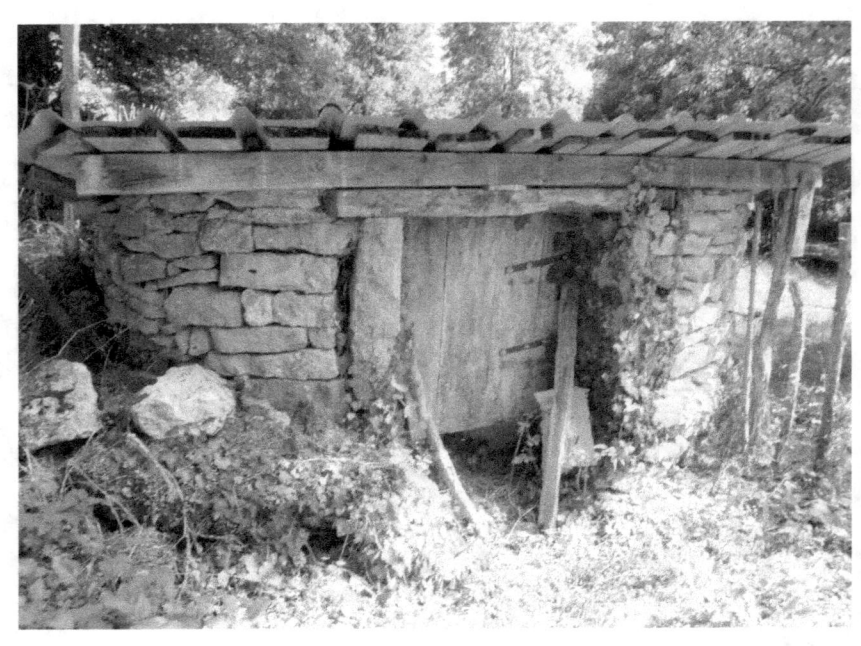

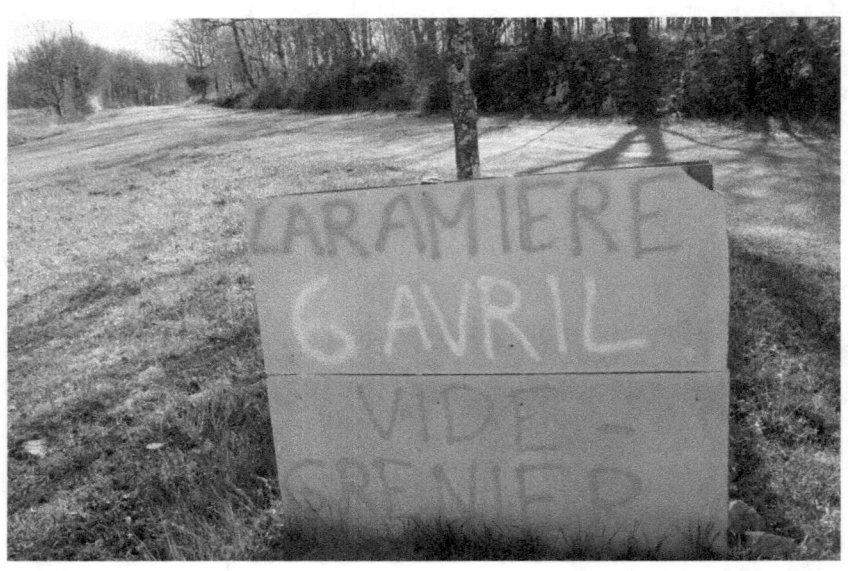

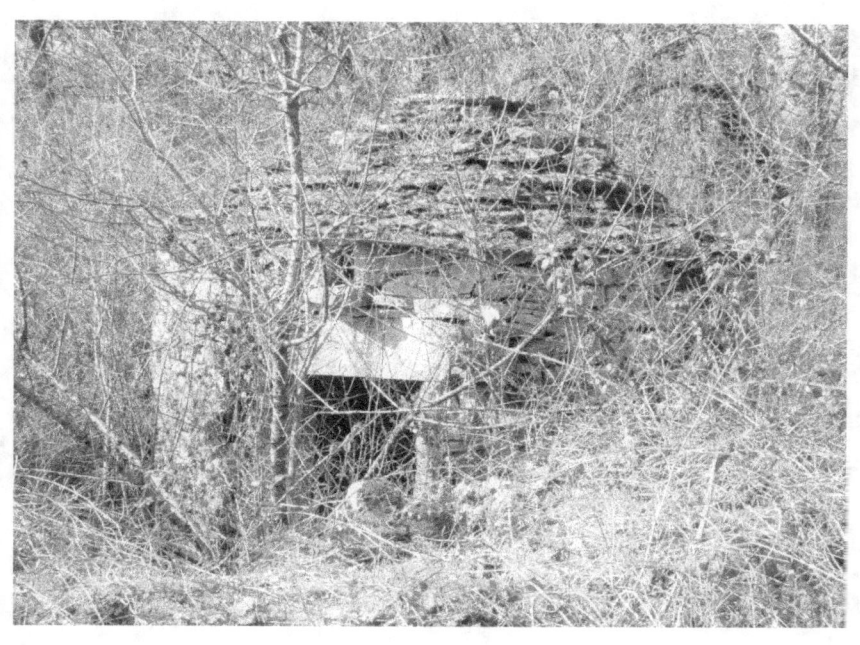

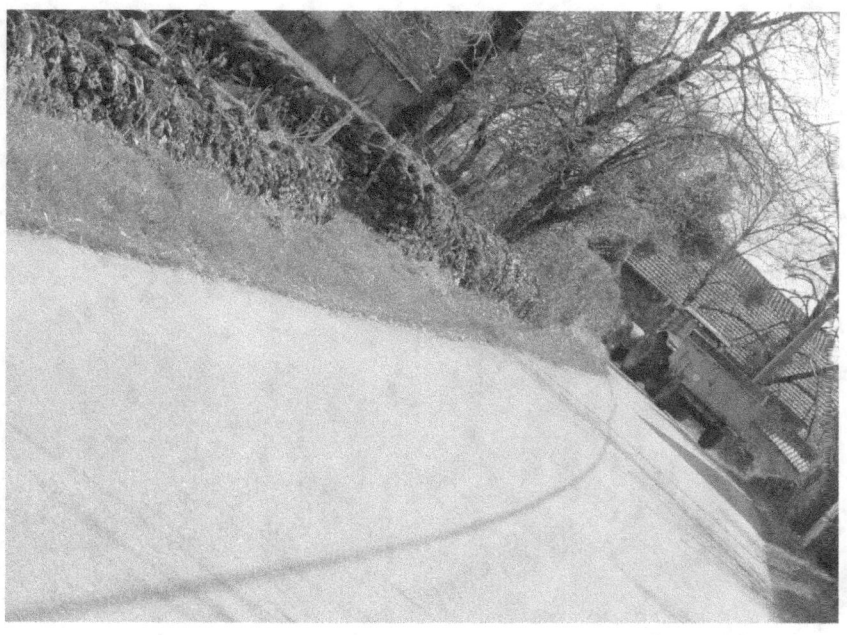

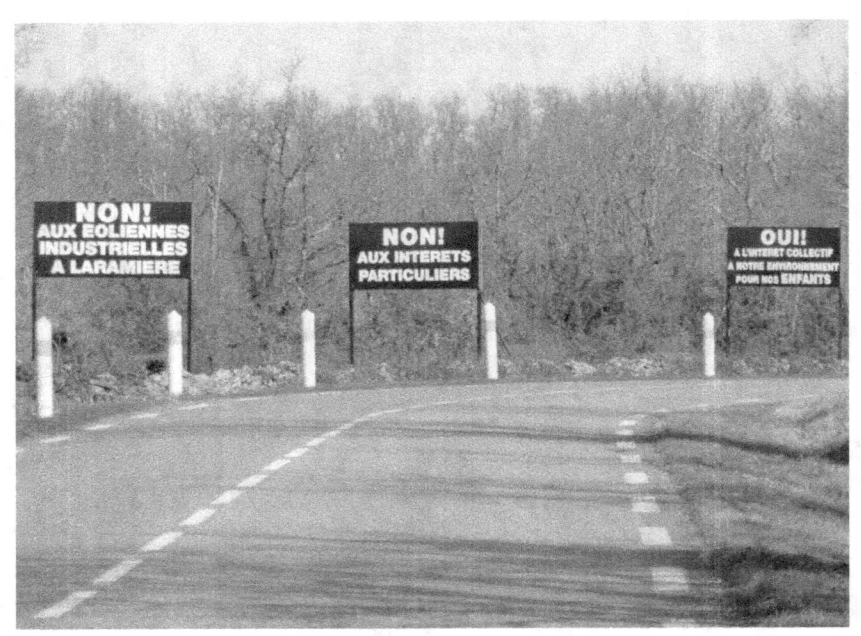

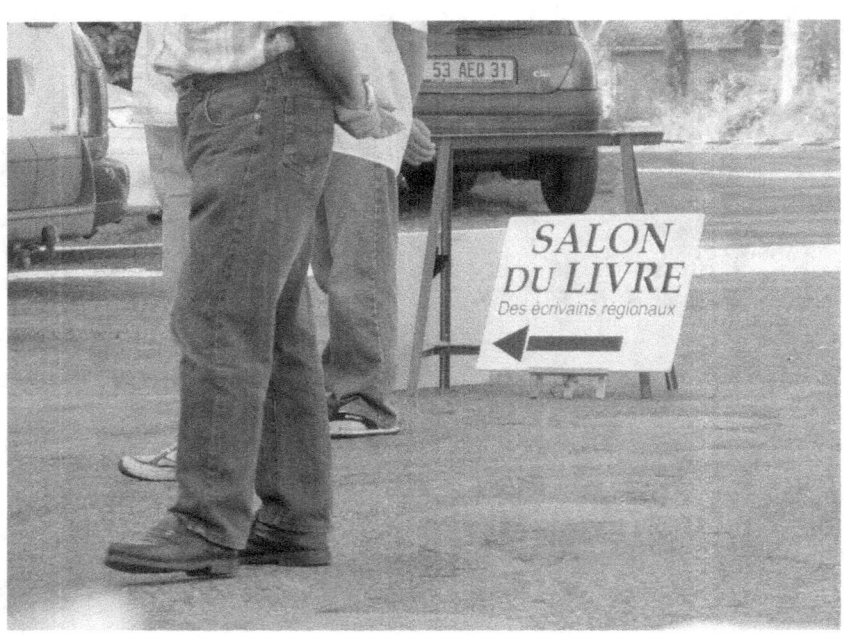

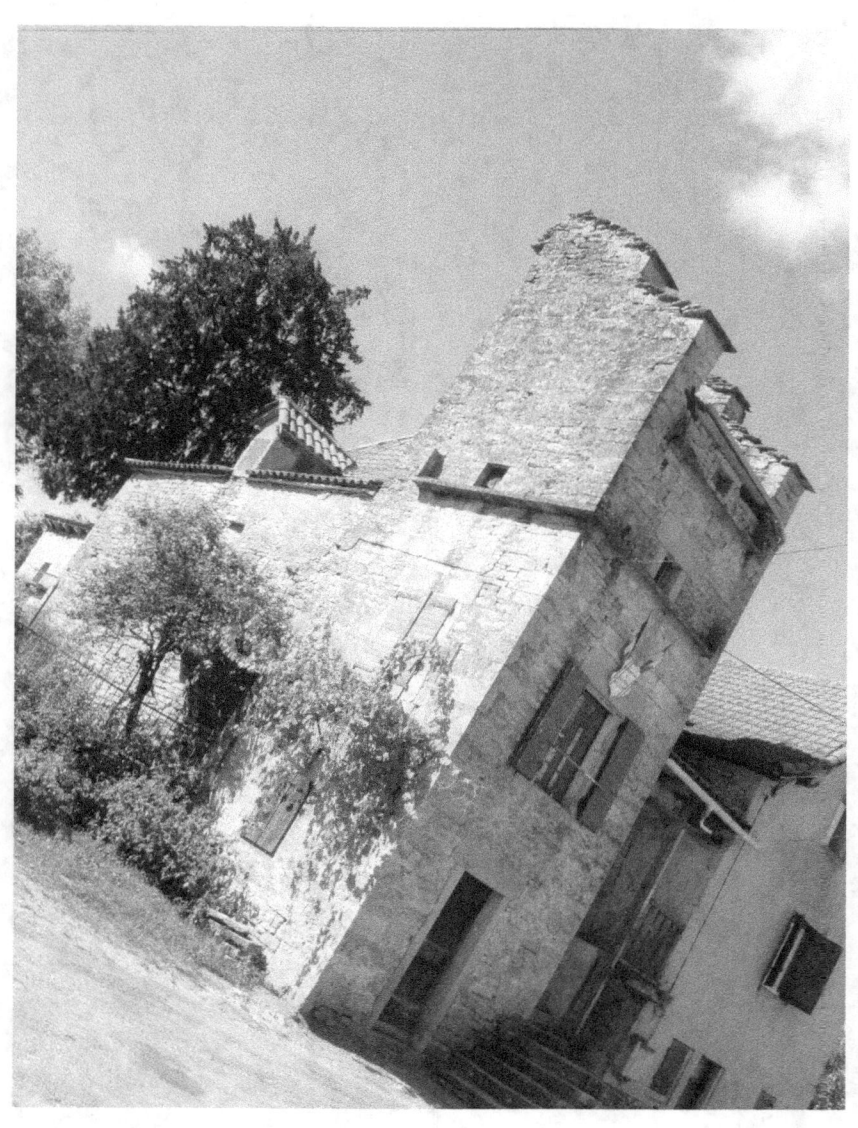

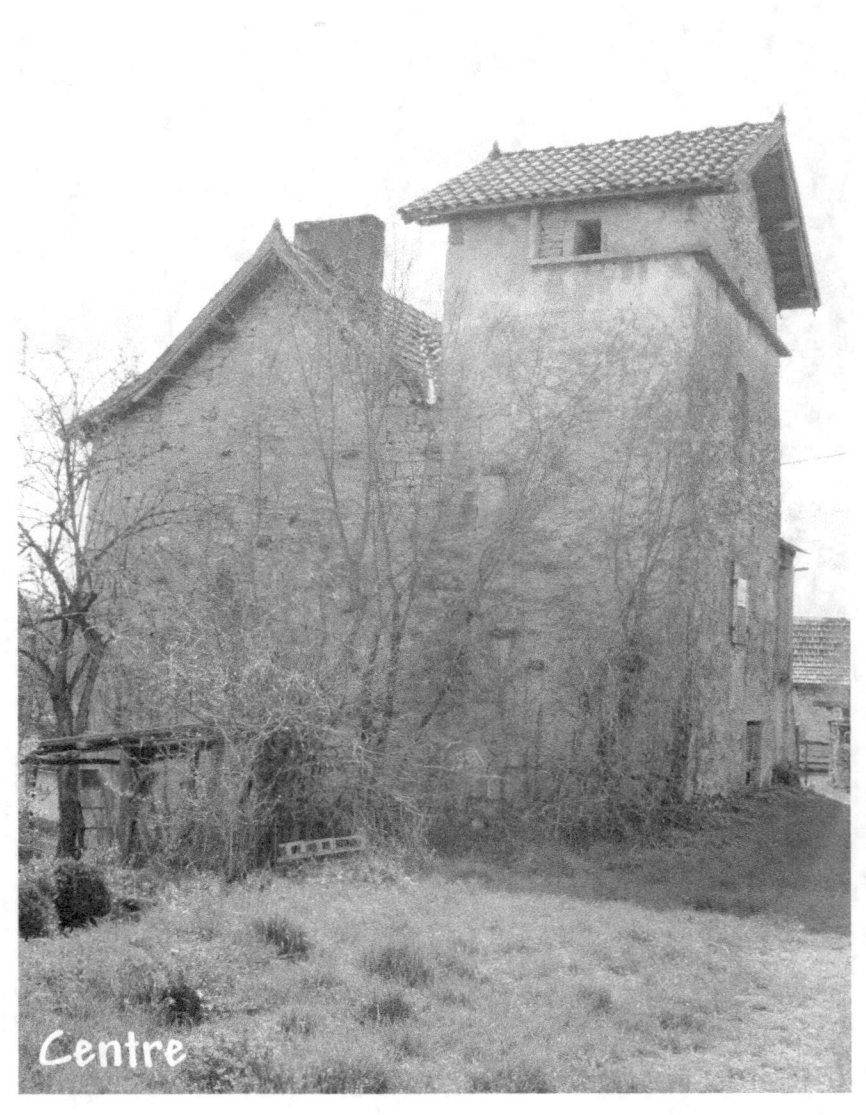

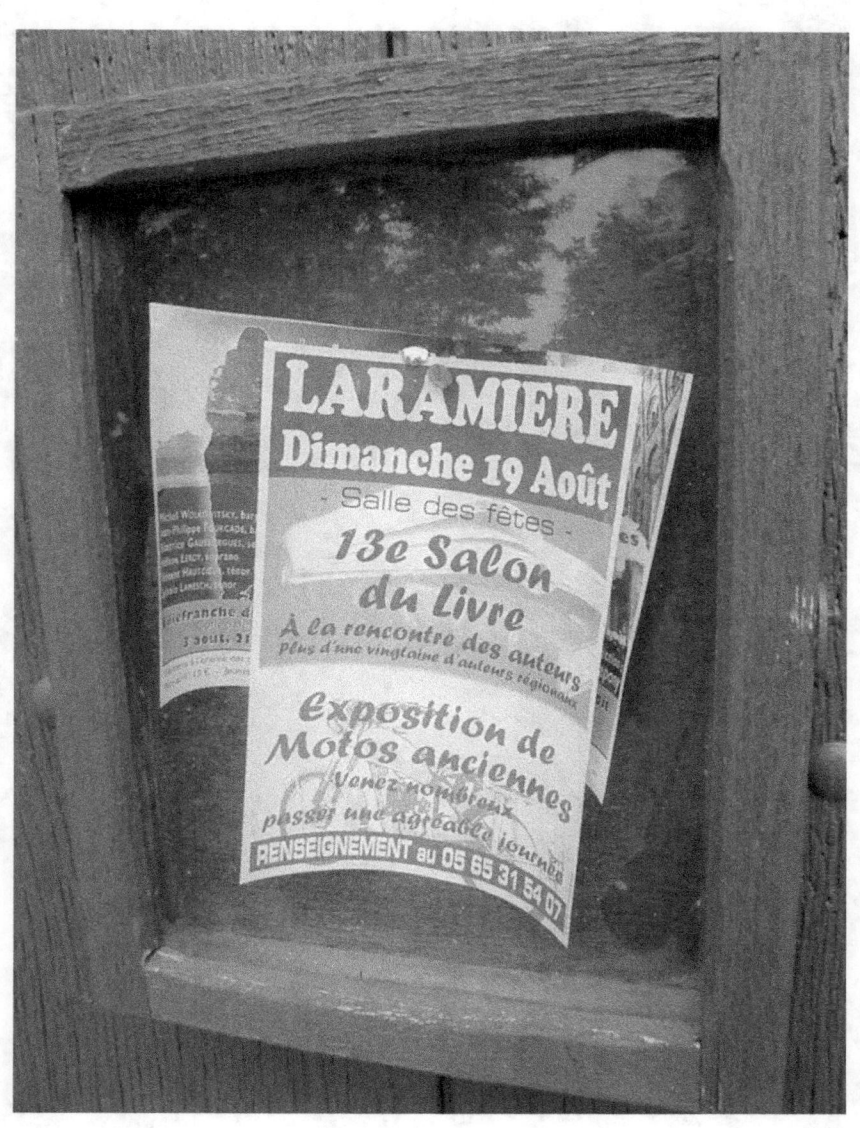

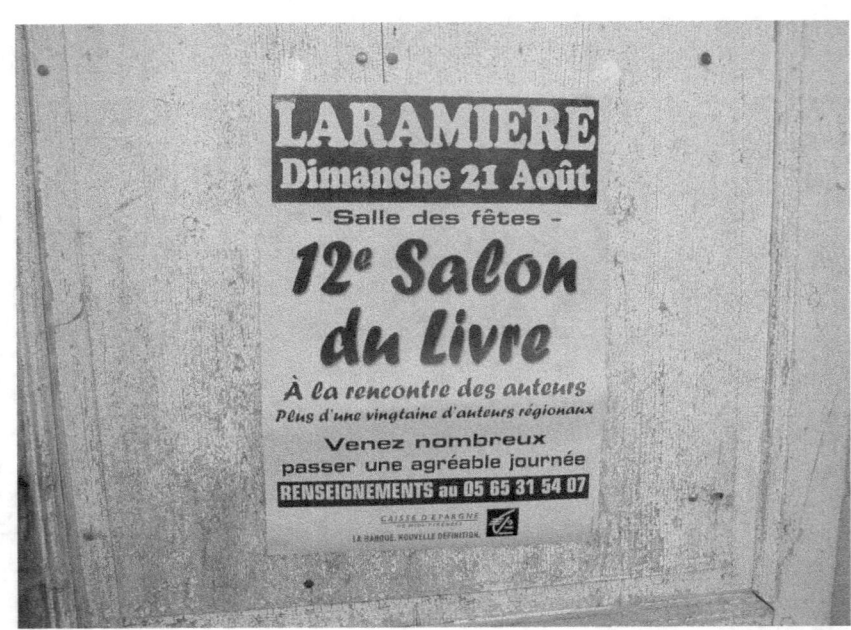

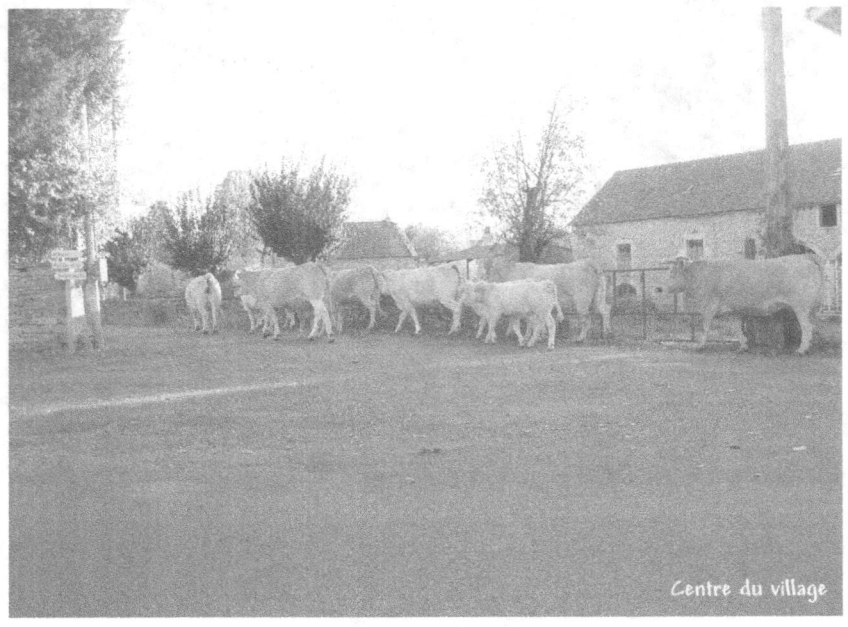

Centre du village

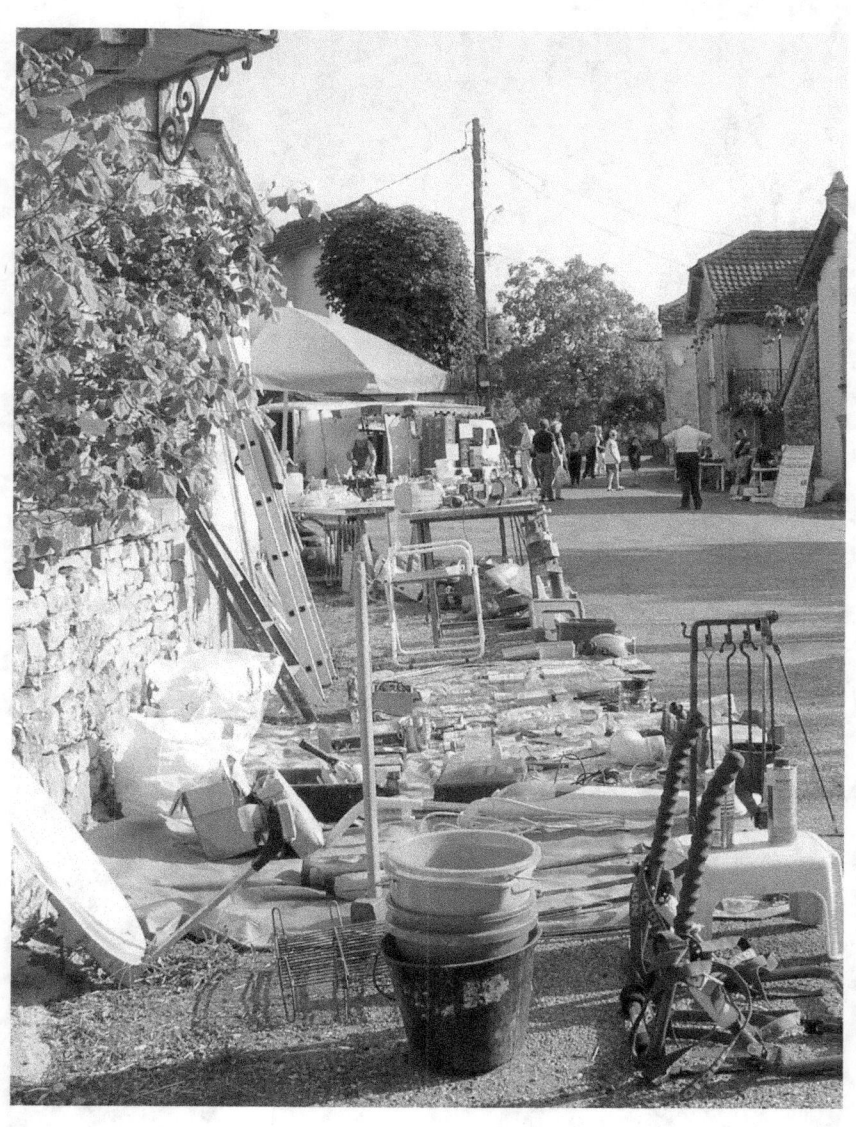

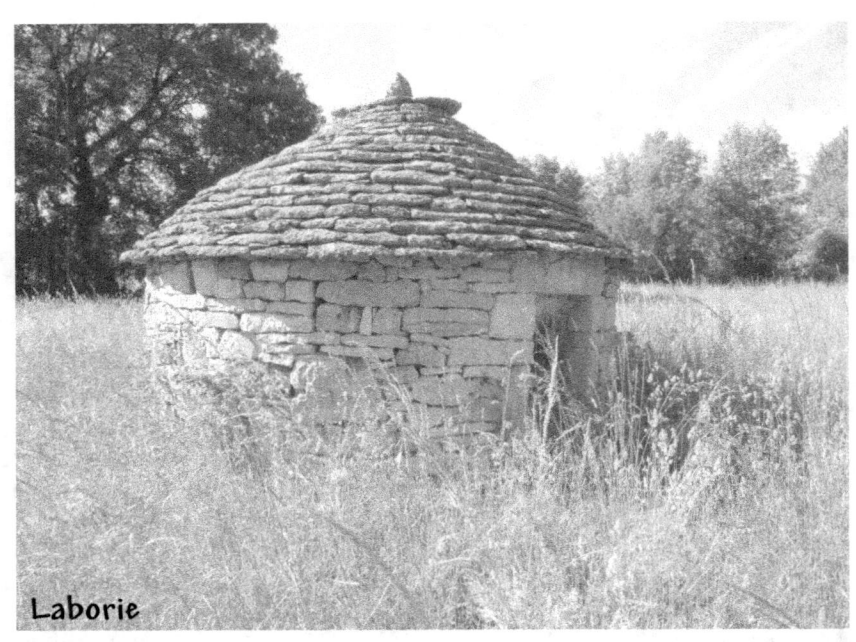
Laborie

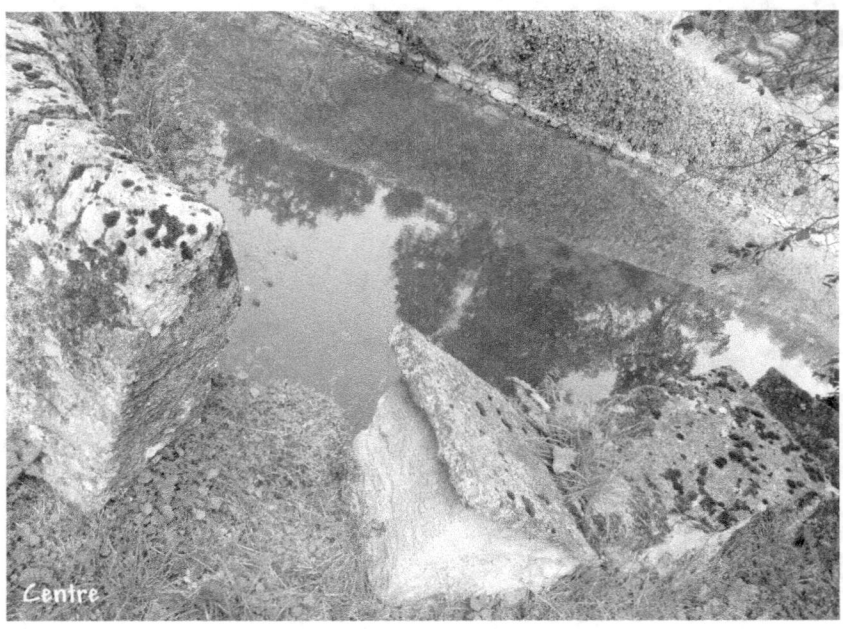
Centre

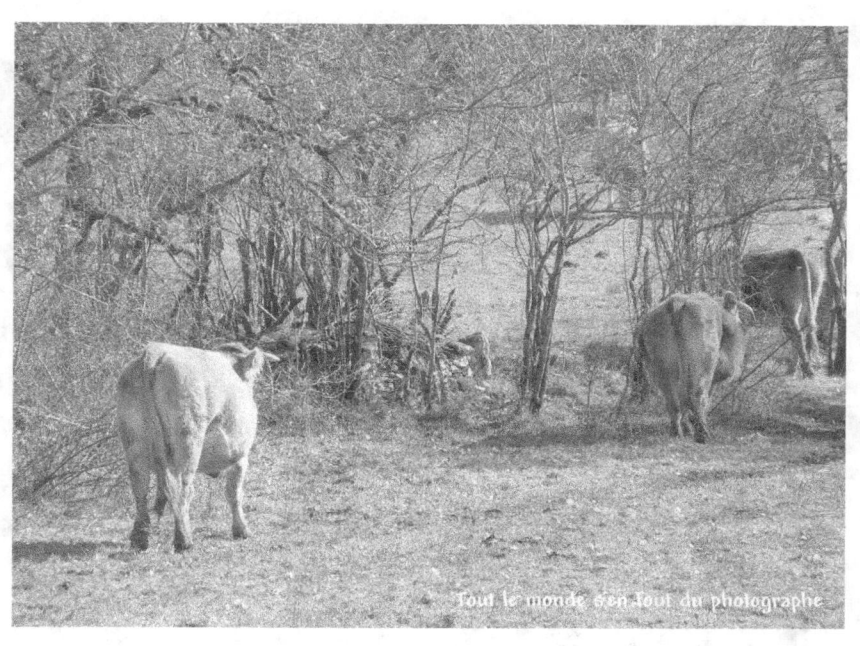

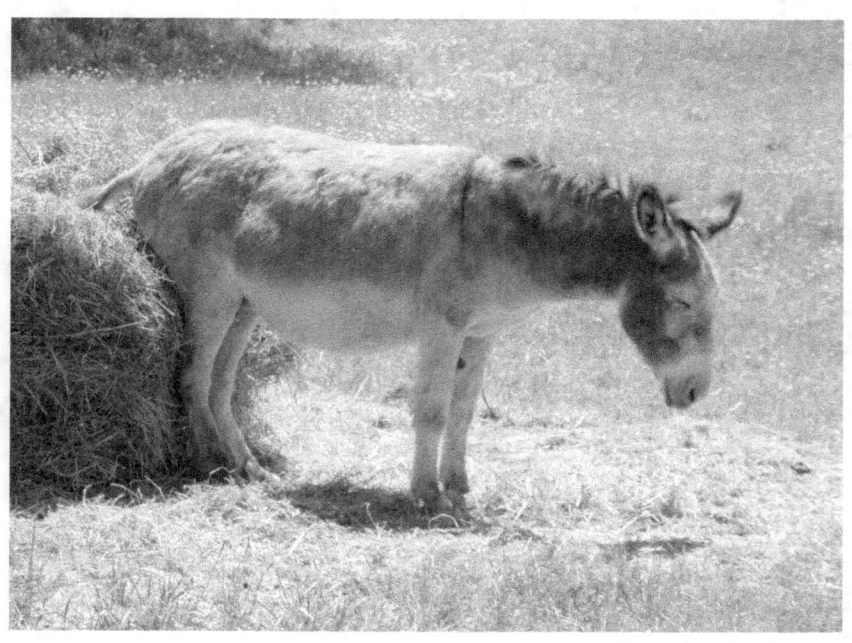

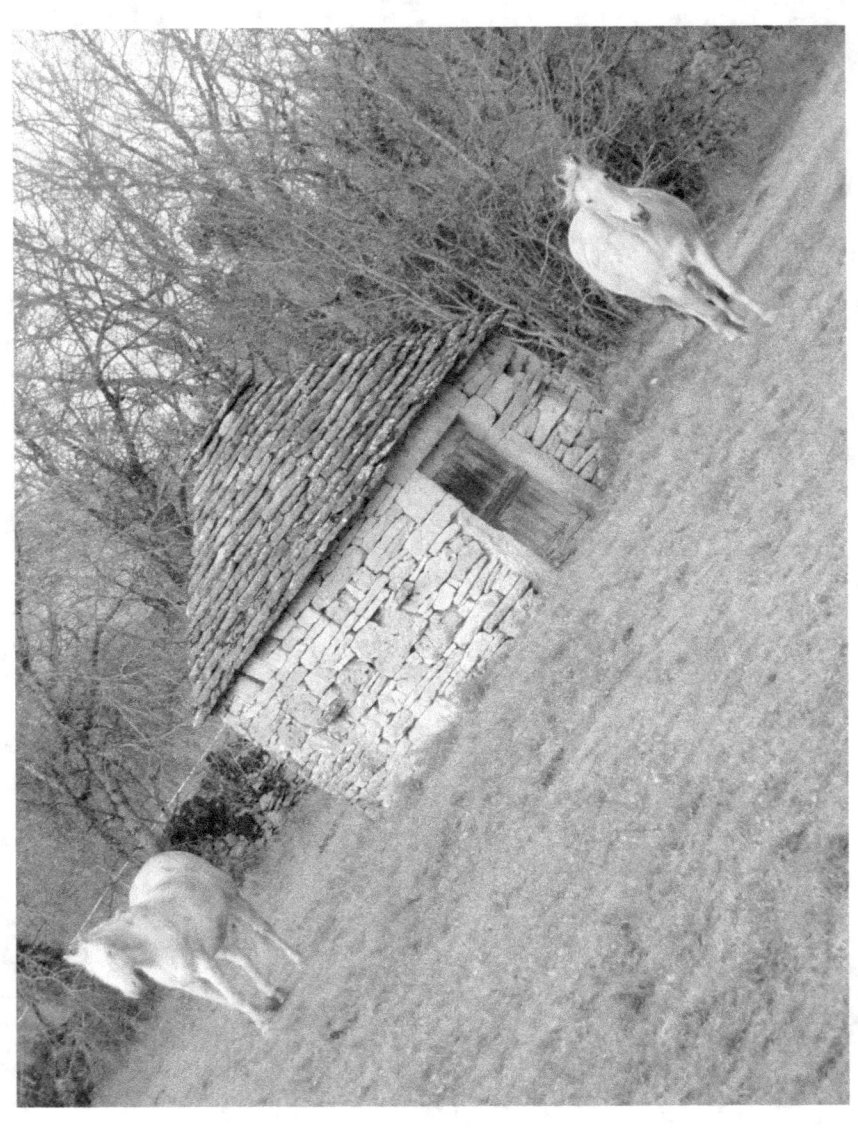

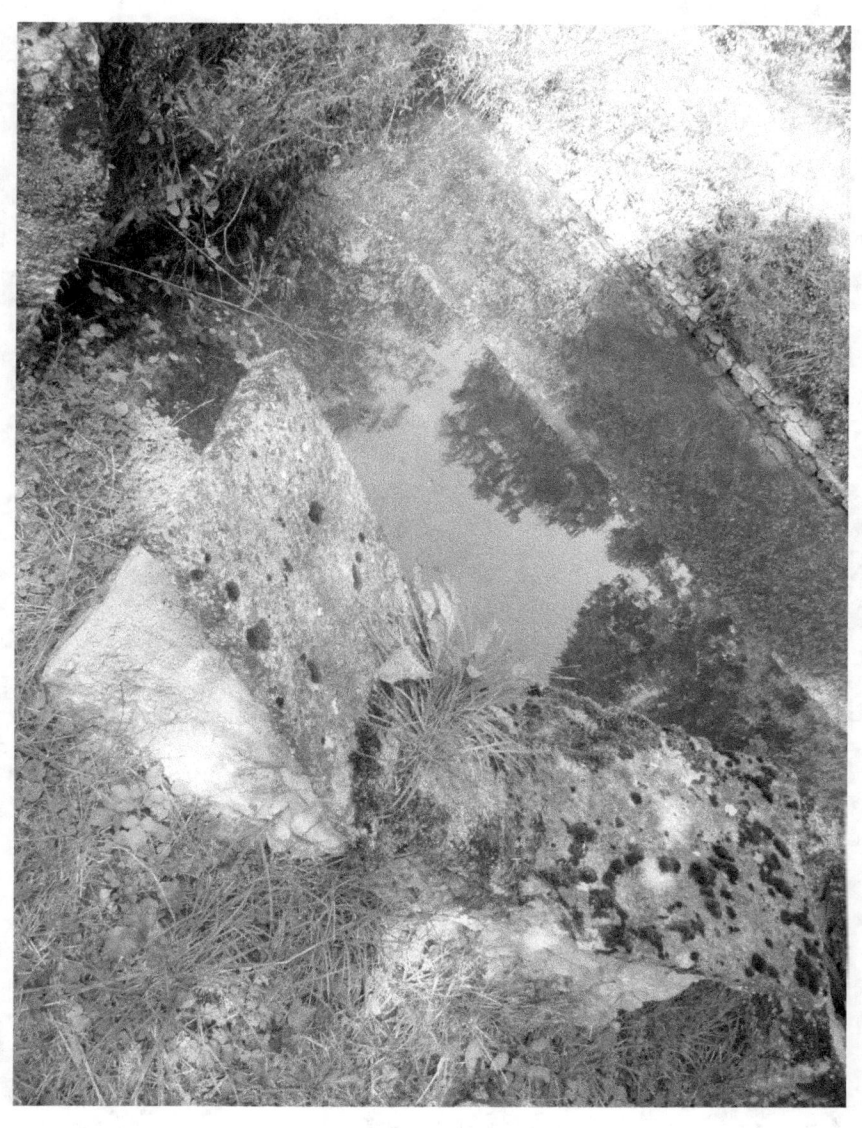

Mentions légales

Tous droits de traduction, de reproduction, d'utilisation, d'interprétation et d'adaptation réservés pour tous pays, pour toutes planètes, pour tous univers.

Site officiel : http://www.montauban.org

Vous pouvez acquérir ces clichés au format originel du photographe, en droit de reproduction, exemplaires numérotés et signés, sur http://www.galerie.me

Dépôt légal à la publication au format ebook du 10 juin 2015.

Imprimé par CreateSpace, An Amazon.com Company pour le compte de l'auteur-éditeur indépendant **livrepapier.com**.

ISBN 978-2-36541-669-6
EAN 9782365416696

Laramière, livre d'art de François-Antoine de Quercy
© **Jean-Luc PETIT - BP 17 - 46800 Montcuq France**

www.ingramcontent.com/pod-product-compliance
Lightning Source LLC
Chambersburg PA
CBHW071213240526
45470CB00018B/1820